明治の外交力

陸奥宗光の『蹇蹇録《けんけんろく》』に学ぶ

okazaki hisahiko
岡崎久彦

海竜社

陸奥宗光（陸奥陽之助氏提供）

陸奥宗光をめぐる系図

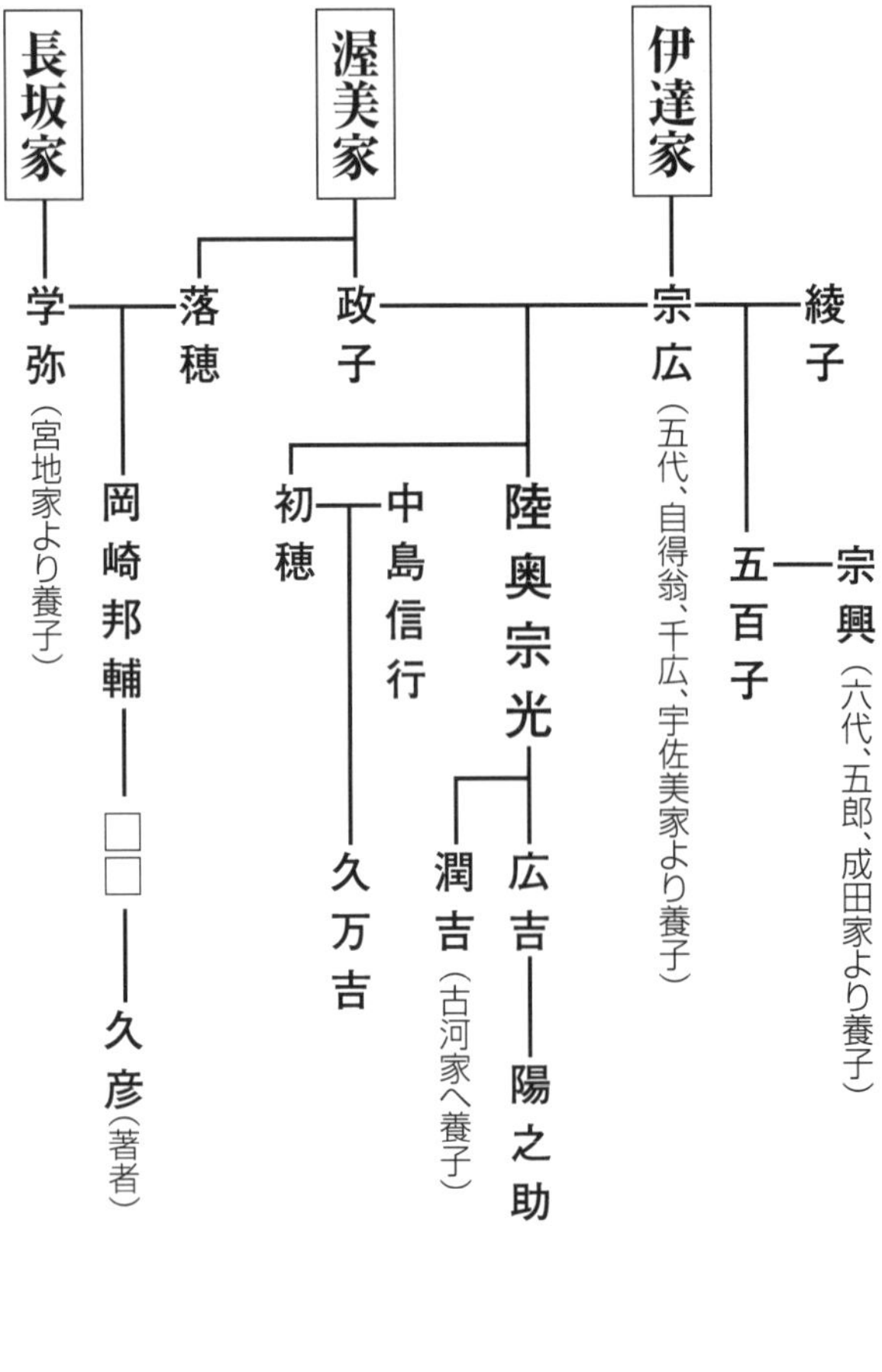
伊達家
渥美家
長坂家
宗広（五代、自得翁、千広、宇佐美家より養子）
綾子
五百子
宗興（六代、五郎、成田家より養子）
政子
落穂
学弥（宮地家より養子）
陸奥宗光
中島信行
初穂
岡崎邦輔
□□
久彦（著者）
広吉
潤吉（古河家へ養子）
陽之助
久万吉

「『蹇蹇録《けんけんろく》』に学ぶ　明治の外交力」・もくじ

第八章　乱麻を断つ

陸奥の憂国慨世の気力、最期の際まで衰えず

はじめに――帝国主義は「過去」ではない

『蹇蹇録《けんけんろく》』とは、日清戦争について、当時の外相・陸奥宗光が記した回想録（メモワール）である。

『蹇蹇録』を読むには、その文章の難しさだけでなく、それまでの歴史の経緯が分からないと理解できない。

それももう百年前のことだし、その上に、その百年の間、日本の歴史は、戦前では薩長史観、皇国史観、軍国主義史観、戦後ではまず占領史観、占領が終わってからも冷戦時代の左翼偏向史観、さらには全共闘時代の反体制史観などによって、ズタズタになっている。この中から、なにが正しい歴史かを見いだすことから始めねばならない。

そこで以下簡単に説明しようと試みるが、『蹇蹇録』を読む前に、読者にあらかじめ分かっておいて頂きたいのは大きくいって三点だけである。

第一に、それは欧米列強が、世界のどこの片隅でも、自国の勢力を拡張しようとして、激しく競い合っていた帝国主義時代の真っただ中だったということである。『蹇蹇録』の大きな主題である、欧米列強の干渉とそれに如何《いか》に対応するかは、帝国主義時代を理解しないと分からない。それを理解することは、中国軍事力の急速な増大を前にして、現代が再び帝国主義時代に入ったかもしれないという状況の下では、単に歴史的認識だけでなく、現代と将来の理解のためにも重大な意義をもちつつある。

第二に、日清戦争に至る経緯では、清国は、その圧倒的な軍事力を背景に、朝鮮半島における事件ごとに先手先手を取って、日本側に煮え湯を呑まして来た、という事実がある。

だから日清戦争までに、営々として実力を築いてきた日本としては、なんとかして先手を取って、先に有利な地位を確保しようと努力したのであり、陸奥の開戦外交の苦心もそこにあった。『蹇蹇録』の初めの方の章はそれに費やされている。

第三に、これこそ、現代人には想像もできないことであるが、当時の日本は、明治維新で近代化を達成した誇りに満ちて、朝鮮半島からも保守固陋《ころう》な清国の勢力を排除して、朝鮮にも日本と同じような近代化の恩恵をもたらせようという「義俠心《ぎきょうしん》」に満ちていたことである。陸奥の積極政策が常に国民世論の強い支持を受け続けたことの背後には、この世論の義俠心があった。

特に第一の、現代が再びアジアの帝国主義時代に戻りつつあるかもしれないという認識は、今後、益々重大な意義を持つかもしれない。

冷戦が終わった後、田中明彦先生は『新しい中世』*という本を出して、先進諸国の社会は近代を終わって新しい中世に入ったと論じた。

グローバリズムが進み、また、イデオロギー対立が終わって、自由民主主義と市場経済というイデオロギーが世界的かつ普遍的に受け容れられている状況は、国家は複数存在しつつもキリスト教が普遍的な価値観だった中世に似ていると論じた。つまり、宗教戦争だった百年戦争が終わり、ウェストファリア条約で[*]、各民族国家の主権平等、信教の自由が確立されて以来、三百年余り続いた近代という時代は、冷

＊『新しい中世』――――田中明彦氏は、米ソの二極対立とイデオロギー対立に特徴づけられる冷戦の終焉、アメリカの覇権の衰退、経済的相互依存の深化によって、主権国家システムが大きく変化しているという認識に立ち、現代世界を「新しい中世」と名づける。田中氏の「新しい中世」論は、次の二つの仮説からなる。

①グローバリゼーションの進展によって、現代の世界システムが「近代」的なものから、「中世」的なものに変質する。

②「新しい中世」に向かう傾向には差異が存在し、その基準で考えると、現在の世界はおおむね三つの圏域にわけることができる。

田中氏は、自由主義的民主制と市場経済の成熟・安定度を基準に、冷戦後の世界を欧米、日本の「新中世圏」、アジアの「近代圏」、その他の「混沌圏」の三つにわけた。そして、このモデルに基づいてアジア太平洋の国際関係を分析し、「新中世圏」の日本のとるべき戦略を提言している。

＊ウェストファリア条約――――一六四八年に締結された講和条約。同条約で、ヨーロッパで三十年続いたカトリックとプロテスタントの宗教戦争に終止符が打たれた。条約締結国は、相互の信教の自由を尊重することとなった。

戦終了で終わり、世界は新しい中世を迎えたと言うのである。

そして、欧米先進国圏を「新しい中世」、アジア諸国を「近代圏」、アフリカなどの後進地域を「混沌《こんとん》圏」と呼んだ。

それは説得力のある分析であったが、その前提として、アジアもいずれは進化して「新しい中世」となるという想定があった。

ところがその後の状況の進展を見ると、アジアの「近代圏」がその後急成長して、「新しい中世」諸国の力はかげり、国際政治の主流は、アジアに移りつつある。

つまり国際政治の主流はもはや「近代」でなく「新しい中世」だと思っていたら、アジアでは今や近代花盛りとなり、近代の再現を迎えているということである。

そして近代とは、十九世紀を中心として、列強が帝国主義競争に熱中した時代である。アジアが再び帝国主義時代に戻ったという兆候は多々ある。

そして、陸奥の時代、アジアは、まさにアジア帝国主義真っ盛りの時代だった。

もう歴史から忘れ去られているが、中国自身、わずか十九世紀後半の二、三十年の間のことであるが、帝国主義のプレイヤーであった事実もあるのである。

現代の近代史の常識では、清国といえば、阿片戦争*（一八四〇～四二）以来列国に蚕食《さんしょく》され続けて来た弱体国家のように思われているが、丁度日本の明治維新のころから、「洋務《ようむ》運動*」の下に、西洋式武器とくに軍艦を買い揃えて、東アジアでは圧倒的な軍事力を誇っていた。

＊阿片戦争――清国とイギリスの間で一八四〇年から二年間行われた戦争。当時、イギリスは清から茶葉・陶器・絹などを輸入し、輸入超過の状態にあった。イギリスは、アメリカ独立戦争の戦費調達のため、銀の国外流出を抑制する必要に迫られ、英領インドで栽培したアヘンを清に密輸出することで、清からの輸入超過分を相殺する三角貿易を実施。清・道光帝は、一八三九年、清国内へのアヘンの持ち込みを禁じ、アヘンを没収。対立が激化して、戦争状態に突入した。結果的に清は敗れ、イギリスに多額の賠償金を支払い、香港を割譲し、翌年には治外法権、関税自主権の放棄、最恵国待遇を承認することになった。
＊洋務運動――清朝末期の一八六〇～九〇年代に起こる。ヨーロッパ近代文明の科学技術を導入することで、中国の国力増強を図ろうとした動き。軍事産業の振興や海軍建設、教育改革などを、曾国藩・李鴻章・左宗棠ら、清朝の高級官僚らが推進した。

その頃の清国は「同治の中興《どうちのちゅうこう》」と言われて国力は充実し、欧米諸国からは、「眠れる獅子《しし》」と呼ばれて、さすが帝国主義時代真っただ中の欧米でさえも、アジア、アフリカ、中南米のいたるところで帝国主義的拡張を図りながら、中国だけには手をつけるのをためらった時代だった。

壬午《じんご》、甲申《こうしん》の事件では、事件の経緯からいって日本の方に理が有ったにもかかわらず、清国側の圧倒的な武力の優勢の前に、日本は引き下がっている。また、その直後の明治十九年（一八八六）の定遠《ていえん》、鎮遠《ちんえん》の長崎示威《じい》訪問の際は、上陸していた中国人兵士が街で乱暴を働いたのに対して、日本側は抵抗できず、警官の帯刀《たいとう》禁止という屈辱的な条件も呑んでいる。軍事力の優越を背景としたあたりかまわない典型的な帝国主義軍隊の態度《ビヘイビヤー》である。

明治十五年（一八八二）、福沢諭吉《ふくざわゆきち》は、「支那の海軍は今でも日本の三倍近いが、今後益々増強して琉球回復などといって戦争をしかけてきたらばどうなるだろう。日本に上陸して来た清兵がどんな残虐、暴行を働くか想像するだけでも恐ろしい」と書いている。現に同じころ清廷内の上奏文では、日本と戦争をする戦略論が論じられている。翰林院《かんりんいん》*の秀才、張佩綸《ちょうはいりん》は皇帝に上奏して、まず琉球併合を問責して、公使を召喚《しょうかん》して貿易を停止すれば、日本は防備を増して財政的に困窮《こんきゅう》するであろう。そこで一撃すれば勝てると主張している。

現在東シナ海では、日中の海空軍バランスが逆転して、中国側に有利になりつつあるが、そういう時期に、尖閣諸島で中国側の挑発が起こったことは、明治十五年頃の先例から見て、当然の成り行きといえよう。力の強いほうが傍若無人にふるまうのが帝国主義時代である。また、今回の尖閣事件の後の中国側のデモのスローガンには沖縄の奪回もあったという。

帝国主義は決して過去のことではない。軍事バランス如何《いかん》では、どの時代にでも再

＊翰林院——唐・玄宗皇帝が七三八年に設けた翰林学士院が起源。役所で、主に証書の起草に当たった。貯才の地といわれ、有為な人材を確保し、必要に応じて中央官庁や地方の要職に派遣した。

現されるものである。一九九〇年代半ばには日本の自衛隊の海空軍力の前には鎧袖一触《がいしゅういっしょく》であった中国軍は、ここ十年余りの間に、日本の戦力を凌《しの》ぐまでに増大している。それは、日本の軍事費が漸減《ぜんげん》しているのに、中国の軍事費が毎年二桁成長を続けているのだから、当然そうなる。そうなれば、歴史に遡《さかのぼ》って、沖縄回復論も出て来るのは当然の勢いであり、何も不思議なことではない。

ただ、あの頃と違うのは日本側には日米同盟があることであり、平成二十二年十月の事件に際して、米国が尖閣に対する安保条約適用を明言したことは中国側にとって重大な警告となったと思われる。

その清国の帝国主義に対して日本は、当時の清国と較べものにならない貧弱の財政の中で、皇室の御内帑金《おないどきん》や、国民の寄付を仰いで、営々と建艦を進め、日清戦争の黄海海戦では、軍艦の大きさでは劣っても、ほぼ同じ数を揃えるに至って、やっと帝国主義競争に追いついた状況だった（当時の日清の建艦比については、166頁グラフ参照）。

さて、ここで、明治維新以来の日本朝鮮関係を略述する。

一八六〇～七〇年にかけて、朝鮮では、国王高宗《こうそう》が未成年だったので、その実父・大院君《たいいんくん》が執政《しっせい》として実権を握り、韓国西海岸の遠浅を利用して、米仏の艦隊の攻撃を凌ぎ、攘夷《じょうい》に成功して鎖国状態を続けていた。しかし、明治六年（一八七三）、高宗の成人に伴って大院君の執政は廃され、明治八年、日本軍艦雲揚《うんよう》号との江華島《こうかとう》事件を契機に開国することとなる。

国王成人のあと、大院君に代わって、国王の正妃閔妃《びんぴ》（朝鮮式発音はミンピ）一族が実権を握り、明治維新を範として開明政策を行おうとした。その一環として、日本人将校の指導のもと、軍の近代化を図るが、急激な改革のしわ寄せが旧式軍隊に及び、待遇の悪化などで不満が高まった。そこで政権から遠ざけられていた大院君が、閔妃一派を一掃しようと起こしたクーデターが壬午《じんご》の乱である（明治十五年七～八月）。

日中関係史の第一人者・王芸生《うんせい》は、「日清戦争は一《いっ》に朝鮮事変をもって導火線とする」と述べているが、この朝鮮事変は壬午の乱を指す。

壬午の乱は、大院君の攘夷思想を背景にしているため、排外的色彩が強かった。この乱で、日本人将校・堀本少尉ら十数人が殺害され、日本公使館は焼かれる。日本側は被害者であり、どんな要求でもできる立場であったが、清国は、日本が介入する前に、二千人の軍隊を急派して大院君を捕えて天津に送り、清国の手で事態を収拾して宗主権を誇示した。この時の清国側の措置は極めて迅速で、その後も日清の駐留兵力に圧倒的な格差が続き、その後、閔派の政権は、清国を後ろ盾として実権を握ることとなる。

壬午の乱から日清戦争に至る十数年間の歴史は、阿片戦争で近代帝国主義の厳しさを知り、帝国主義に目覚めた中国と、ペリーの来航で眠りから覚めた日本とが、世界的な帝国主義競争に参加することを志して、朝鮮半島を舞台に戦った歴史である。互いに帝国主義競争に勝ち残ろうとして、鎬《しのぎ》を削り合ったのである。

そして第一ラウンド（壬午の乱）と第二ラウンド（甲申《こうしん》事変）では清国の圧倒的優勢勝ち、第三ラウンドでは実力を五分五分までつけてきた日本が清国の油断に乗じて清国をノックダウンしたという歴史である。

第二ラウンドの甲申事変では、明治十七年（一八八四）十二月、日本の助けを借りて朝鮮の近代化を目指す金玉均《きんぎょくきん》、朴泳孝《ぼくえいこう》ら朝鮮独立党が日本の支援を期待してクーデターを決行、新政府樹立を宣言する。しかし駐留していた清国兵の介入で、クーデターは失敗し、日本公使館は焼かれ、日本公使や独立党幹部は汽船で日本に脱出する事件である。

清国からの独立、明治維新にならった朝鮮の近代化を目指したクーデターであり、日本国内には、金玉均らに同情する世論《よろん》が高まり、清国に対する主戦論で沸きかえった。しかし、圧倒的な清との軍事力の差は如何ともし難く、日本は再び挫折と屈辱を味わう。

日本としては、外交的な妥協しかなく、明治十八年四月、伊藤博文を清へ派遣して天津《てんしん》条約に署名した。同条約は、形式的には、朝鮮半島において日清両国を対等な立場とし、「もし、今後、日清両国が朝鮮に出兵するときは、互いに通知しあう」と約束したもので、これが、後年、日清戦争の引き金になる一条である。

日本に亡命した金玉均は、旧自由党系の壮士たちと連絡を取って、再起を図ったが、そうした人々は武器を準備して朝鮮に渡航を企てたが、事前に発覚して一網打尽《だじん》となった（大阪事件）。

明治二十七年春、金玉均は李鴻章《りこうしょう》に会えるという誘いに乗って、李鴻章に東アジア三国の協力と朝鮮の改革支持を説得しようと志して上海に赴《おもむ》くが、その誘いは罠であった。同年三月二十八日、金玉均は、上海で朝鮮の刺客に暗殺される。もともと金玉均は、暗殺の危険を十分に知りながら、一か八かのチャンスにかけたわけで、真の革命家らしい最期であった。

悲報に接して、志士の遺体を手厚く葬ろうという議論が日本で起こり、岡本柳之助《りゅうのすけ》が代表として上海に赴いたが、時すでに遅く、金玉均の遺体は朝鮮に送られ、六所《ろくしょ》の刑に処せられた。

六所の刑とは、首と胴は京城《けいじょう》・仁川《じんせん》間に晒《さら》し、四肢《しし》は八道にわけて路傍《ろぼう》に捨て、

「大逆無道《たいぎゃくむどう》金玉均の屍《しかばね》」という表札を立てて、野良犬の食うに任せるというセンセーショナルな刑である。

この事件は、朝鮮政府が独立、開化に反対する頑迷固陋《がんめいころう》かつ残虐な政権であり、これを改革するのは隣国の義務だと日本国民に深く印象付けた。

戦争の直前に、このような背景があるから、日清戦争を通じて、日本の国民世論は常に積極的な介入論だったわけである。

日本と朝鮮半島との歴史は、長く複雑であり、簡単には論じられないが、とりあえずは、右のような事実だけは頭に入れて置いて頂きたい。

こうした背景や事実関係を把握してはじめて、歴史も人物も見えてくる。戦後の史観は、当時の政治家、外交官を皆一緒にして、帝国主義者として非難している。しかし、帝国主義時代の人間を帝国主義者と呼ぶのは、中世の人間を中世的、非近代的と言って非難するのと同じで、別に不正確ではないが、時間の無駄である。

そう考えてはじめて同じ帝国主義者の中でも誰がより急進的で、誰がより慎重だったか、誰が合理主義的だったか、誰が感情に走り易かったか。つまり、誰が日本の国益にかなった行動をしたかという外交の巧拙《こうせつ》、戦略の是非、そしてそれぞれの人物像も見えてくる。

日清戦争は、開国以来、わが国が初めて直面した国難であった。

それを、命を削りながら乗り切った当事者が陸奥宗光であり、その回想録が『蹇蹇録』である。

それは単に一世紀以上前の備忘録ではなく、今を生きる私たちへの教訓に充ちている。それを本書から汲み取っていただければ、幸いである。

平成二十三年正月吉日

岡崎　久彦

序章　明治を創った男・陸奥宗光

才能を生まれ持ちながら、勉強も怠らない才学双全《さいがくそうぜん》の人

攘夷から開国へ

陸奥は日本外交の創始者である。もちろん陸奥の前にも明治の外務卿や外務大臣はいた。しかし、明治時代の日本外交は陸奥を以って始まり、小村寿太郎を以って完結したといって、とくに異論のある人はいないであろう。

現に、現在外務省の建物の前に立っている銅像は陸奥宗光であり、外務大臣の謁見《えっけん》室にある胸像は陸奥宗光である。

陸奥と日本外交との関係は、まさに、徳川幕府から明治に代わったその瞬間から始まっている。

明治元年（一八六八）一月、鳥羽伏見の戦いで、幕府軍は敗れ、徳川慶喜は汽船で大阪から江戸へ逃れる。

その当時はまだ先がどうなるか誰にも読めなかった。緒戦に敗れたからといっても、兵力から言えばまだ幕府軍の方が薩長よりも大きい。朝廷側と幕府側の天下を二分する戦いが予想された。

前年十一月に坂本竜馬を失ったばかりの海援隊の諸士も、吉野あたりの山中にこもって尊王側のために戦うとか、長崎に帰って海援隊の仕事を続けることなどを考えていた時期であった。

しかし、当時まだ二十一歳だった陸奥は、自伝の表現によれば、「独《ひと》り天下の形勢に察する所あって」、官軍が幕府軍を追う後をついて大阪に赴《おもむ》いて、パークス英公使に面会を求めた。そして今後、新政府の外交をどうしたら良いのかについて話し合い、その結果を意見書にして、京都の岩倉具視《ともみ》に提出した。その内容は、これからの日本はまず開国、進歩主義を取る他は無く、その第一歩として、大阪の各国公使に対して王政復古を通告し、また、その開国政策を表明すべきだということだった。

その時まで、幕府側は為政者として現実に直面せざるを得ず、列国の砲艦外交の前には開国しかなく、朝廷側はそれを咎《とが》める攘夷《じょうい》の立場であった。

しかし攘夷が無理なことは心ある人は皆解っていた。とくに、勝海舟、坂本竜馬の薫陶を得た陸奥はそれが解っていた。

そして、岩倉もそれをもともと解っていたのであろう。陸奥の意見を容れて、鳥羽伏見の戦いから僅《わず》か五日後である一月十日付で、「大勢まことにやむを得ず」と断りながら、「このたび朝議の上、断然和親条約」を結ぶこととなった、と布告した。そして、陸奥を、伊藤博文などの薩長の俊秀《しゅんしゅう》と共に、外国事務局御用掛《ごようがかり》に任命した。

陸奥の自伝にある、「余が初めて身を責任ある地に置き、公務にあずかるの第一歩」はまさに日本外交だったのである。

不平等条約の改正の悲願達成

日本の開国は、陸奥の公的な全生涯を通じての陸奥の信念であった。

それから、四半世紀経って、不平等条約の改正が大詰めを迎えた明治二十六年（一八九三）十二月、外務大臣となっていた陸奥は、議会で歴史に残る大演説を行う。

それまでに陸奥が英国と交渉してまとめた改正条約案は立派な平等条約であり、日本のナショナリズムが反発《はんぱつ》するような内容は何も無かった。したがって、野党は条約そのものには反対できず、外人が日本内地で自由に活動するのを抑えようとする外人嫌い《ゼノフォビー》の形を取った。

それに対して、陸奥は、暗に清帝国の例を引いて、外人に対して小胆《しょうたん》で臆病《おくびょう》でありながら、虚勢を張って外国と紛糾を生じて国を誤った例は少なくない、と指摘して、「今日の外交の要務は、自尊自重、何びとをも侮《あなど》らず、何人をも怖れず、文明強国の仲間入りをすることであります」と論じている。

日本の文明が西欧文明と際立って異なるのは、日本には、演説によって人を動かすというギリシャ・ローマの伝統が無いことである。ルビコンを渡る前のジュリアス・シーザーの演説はあっても、関ヶ原の前の徳川家康の演説のようなものは無い。

最近の国会でも、総理、外相の演説は、人を動かすようなものではない。その意味でも現在陸奥のような政治家がいないのが惜しまれる。

時の英国臨時代理公使は、陸奥に書簡で、「貴下の演説は、貴政府の進歩的政策が誠心誠意のものであることを十分主張することが出来よう」と書き送っている。

明治の日本はこういう外交ができる人物がいたのである。

そしてこの条約改正を実現させ、その後、日清戦争で大日本帝国の基礎を築いた陸奥外交は、この『蹇蹇録《けんけんろく》』に記述されている通りである。

才能も努力も桁外れ

ここで、陸奥の生い立ちを概観してみよう。

しばしば、「明治の人は偉かった」と言われるが、伊藤、陸奥をはじめ日本の近代化を担った人々は、明治というよりも江戸時代の教育を受けた人たちである。さらに厳しいことを言えば、日本を滅ぼした第二次大戦時の指導者は、東條英機をはじめ、すべて明治に生まれ、明治の教育を受けた人々だった。

今は忘れ去られているが二百年以上の文治社会を誇った江戸時代の教育、とくにエリートの教育水準の高さは世界でも最高レベルのものだった。

陸奥宗光個人の評価として、「才学双全《さいがくそうぜん》の人」というものがある。

才能を生まれ持っていて、なおかつ勉強を怠らなかったという意味である。

陸奥の長男・広吉はこう語っている。

「世人は多く、私の父を以て智の人と言ふが、私はさうのみに考えない。私は父の如く刻苦勉励《こっくべんれい》と研究とを以てすれば、並の人でも、あそこまで行きうるのではないかと思う」と語っている。

一般的に、才能のある人間は、あまり勉強をしない。宗光も、もし十歳の時に一念発起する機会がなければ、万事適当に才気と口先でごまかして、遊芸《ゆうげい》では人に優れ、ガリ勉をする輩《やから》を嘲笑《ちょうしょう》するような人となったことは想像に難くない。

それが運命のいたずらで、自分の性に合わない刻苦勉励を自らに課したために、あのような才学双全の人ができあがったのであろう。

その運命のいたずらを知るには、典型的な江戸時代の文化人であった陸奥の父・伊《だ》達《て》宗広（一八〇二～一八七七）の生涯から説き起こさねばならない。

父・宗広、才気煥発の実力が裏目に

父・宗広が活躍した明治時代より四半世紀前の文化、文政、天保の時代（一八〇四～一八四三）は、江戸文化の最後の華であり、歌舞伎、浮世絵など日本文化として今に残るものは、大体、この時代に完成したものである。

伊達《だて》家は、紀州《きしゅう》藩三百石の上士《じょうし》の家柄で、宗広は出世を重ねて、嘉永五年（一八五二）に失脚する時には八百石の大身《たいしん》になっていた。ちなみに、陸奥という名は、伊達が陸奥の国の一郡の名であるので、一郡よりも一国の名を名乗ろうということで、後に宗光自身がつけた苗字である。これも志を大きく持とうという当時の気風を表している。

紀州藩は徳川御三家の中でも徳川吉宗以降の歴代将軍を生みだした権威を持ち、その上士といえば、将軍直参の侍に次ぐ、江戸時代のエリート中のエリートであった。

宗広はその傑出した才覚によって、十五歳で藩主・舜恭《しゅんきょう》公の小姓になったのを振り出しに、十八歳で藩の監察《かんさつ》に就任し、その後も要職から要職を経て、四十七歳で勘定奉行《かんじょうぶぎょう》（紀州藩の大蔵大臣）に上り詰める。

宗広は、後に、自得翁《じとくおう》と号し儒仏和歌の奥義を極め、日本歴史にも新解釈を下し、幕府の衰亡を予見した幕末の最高の知識人であるが、役職にある間は経営の才も発揮した。

幕末は、各藩、おしなべて財政難であった。平和が二世紀半続けば、どこも財政は硬直化する。世は江戸末期の爛熟《らんじゅく》期で、上下ともに驕奢《きょうしゃ》、華美を競う風潮で、加えて舜恭公も派手な性格だったために、藩の出費をやりくりするのは大変だった。

それを救ったのが宗広である。殖産興業に努め、当時、紀ノ川沿岸の木綿《もめん》畑の村々が窮乏《きゅうぼう》していたのを救済するために黄八丈《きはちじょう》という黄色い縞地《しまじ》を織らせた。それを役者に着せて道頓堀の劇場で踊りながら唄わせて、大いに流行らせたが、そのときの歌は宗広自作という才人ぶりであった。

さらに大きく財政に貢献したのは、かつて徳川吉宗が熊野三山の寺社に寄付した資金を元手に、藩直営の貸し付け事業を行った。芝三山貸付所には葵《あおい》の幕を張り巡らせて、一万石以上の大名や、寺社、町人に貸し付け、月一割の利子を取った。加賀、薩摩のような大藩さえも、これを利用したという。徳川将軍家の権威の下、信用は絶大で、貸し倒れもなく、返済しなければ幕府に訴え先取りの権利を得ていたので、たちまち大成功になった。

しかし、これが裏目に出た。武家社会において、財政危機を打開する対策の正攻法は緊縮財政であり奢侈《しゃし》禁止であった。宗広の政策が如何に成功したとしても、「たかがカネのことで」、「武士がそこまでしなくても」という批判が起こってきた。

宗広失脚の公式記録は「奢侈」である。しかし、真の原因は権力闘争であった。国許の老公・舜恭公を囲むお国派と、江戸の幼君を擁《よう》する江戸派の権力闘争であり、老公の死と同時に、江戸派によるお国派の粛清《しゅくせい》が始まったのである。

粛清は苛酷であった。宗広は、和歌山・田辺に流され、残された家族は家禄も取り上げられ、和歌山城下十里払いとなる。生活の資も奪われ流浪しなければならない。

これを聞いた時、宗光はまだ九歳の子供であったが、虎のように荒れ狂い、床の間にあった先祖重代の刀を抜いて表に飛び出そうとした。

家人がこれを抱きとめ、叱りつけたが聞き分ける様子もない。家人に食ってかかり、涙が出ると手水鉢《ちょうずばち》で涙を洗っては何度となく議論をしかけた。そして、その後も、朝夕に復讐呼ばわりをしてやまなかったという。

逆境から奮起

当時、大和の五条という天領にいた本屋の主人が、たまたま和歌山に来ていて、宗光が復讐と叫ぶのを聞いて、これは面白い子だと思って「紀州家に仇討《あだうち》をされるなら、天領の代官になりなさい」と言ってくれた。

宗光は雀躍《じゃくやく》して喜び、大和五条にある老人の家の食客《しょっかく》となって、『地方凡例録』や『落穂集』などを勉強した。これらは幕府の民政の書で、代官の教科書であった。陸奥が、後年、日本近代化を一挙に促進した地租改正の議を提案したのは、この時の素養があったからという。

大人が読んでも面白い物とは言えない本を、数え年十歳の少年が読んで、後に残るほど理解し、吸収し得たとするならば、それは仇討の気魄《きはく》があって初めてできることと思う。
その後も、窮乏《きゅうぼう》の中で母親について四方を流浪するが、十五歳の時、高野山の老僧が江戸に行く供をして江戸に出る。とりあえずの行き先は、伊皿子《いさらご》（現在の東京都港区）の高野山出張所であった。この時、七言絶句を賦《ふ》している。

朝誦暮吟《ちょうしょうぼぎん》十五年　　古典や詩文を学んで十五歳になった。
瓢身《ひょうしん》漂泊《ひょうはく》難船に似たり　　難破船のように身を寄せる所もない。しかしいつ
他事争い得ん鵬翼《ほうよく》の生ずるを　　の日か、他との競争に打ち勝って鵬《おおとり》の翼を得よう。
一挙に雲を排して九天に翔《か》けむ　　一挙に雲を突き破って、大空を駆け巡るのだ。

ここに宗光の生涯の目標はピタリと定まっている。陸奥は、十五歳にして予見した通りの生涯を送るのである。並はずれた天賦《てんぷ》の才と刻苦勉励を両翼にして、ハングリー・スポーツのような人生を辿ることになる。

陸奥を守り育てた人々

陸奥は、その後、父・宗広と親交のあった坂本竜馬に見込まれて、勝海舟（一八二三～九九）の海軍操練所に入った。

坂本も勝も幕末維新の動乱期に現れた最も傑出した人物である。坂本は、それまで犬猿の仇敵であった薩摩、長州の二大反幕勢力を結合させて、討幕維新を達成させた人である。

そして勝は、後に、幕府を代表して、朝廷代表の西郷と談判して、江戸城を官軍に引き渡し、明治維新を平和的に解決させ諸外国の干渉を未然に防いだ人である。

両者とも、変動期でなければ出現しなかった人物である。両者に共通するのは、当代一流の剣客としての資格を得ている。剣の修行というのは、単に剣を扱う技術だけでなく、心を練《ね》ることをその大きな目標にしていた。

とくに当時の人は、胆力を練る、ということを重視した。胆力という言葉は、現代語で表現することは難しい。具体的には、どんな修羅場になっても冷静沈着を保ち、判断力を保つということである。

事実、勝は、若いころの坐禅と剣術の修行が、後年、幕末維新の難局に際し、役に立ったと振り返っている。「危機に遭って逃れられないと思ったら、まず自分の命を捨ててかかった。なんとか逃げようとすると、ひるんだ気持ちに乗じられる。まず勝敗の念を度外に置いて、心を空にして事に当たった」姿勢が、勝の心に平静と自由をもたらしたという。


陸奥は、この勝海舟の薫陶《くんとう》を受けて、海外の事情に目を開き、攘夷論が不可能なことを覚《さと》った、とある。この陸奥の開化思想は、その後、生涯変わらなかった。

猫の目のように変わる幕末の政治の転変の中で、勝の海軍操練所もやがて閉鎖されると、陸奥は坂本竜馬の海援隊に入る。海援隊は脱藩者の集まりであった。

すでに徳川の厳格な社会制度は崩れ、陸奥は討幕運動の行動家になっていた。坂本は、「二本（刀を）差さなくても食っていけるのは、俺と陸奥だけだ」と陸奥を評したという。しかし、陸奥の評判は悪かった。

勝海舟は『氷川清話』で、当時の陸奥について、「身の丈にも似合わぬ腰の物を伊達に差して、如何にも小才子《こざいし》らしい風をしていたよ。……塾生には、薩摩人が多くって、専心に学問するというよりは、寧《むし》ろ胆力を錬《ね》って、功名を仕遂げるといふことを重んじていたから、小二郎（伊達小二郎、当時の陸奥の名前）の様な小悧巧《こりこう》な小才子は誰にでも爪弾《つまはじ》きされて居たのだ」と言っている。

当時の気風では、その程度の排斥で、武士の風上にも置けない奴だから、殺すの殺さないの、ということにまでなる。竜馬もこれを心配して、宗光を越前の家老・岡部造酒助《みきのすけ》に託そうとする。岡部は承諾して、陸奥を横井小楠《しょうなん》*に託そうとする。小楠は、勝が「俺は恐ろしいものを二つ見た。一人は西郷隆盛で、もう一人は横井小楠だ」と言っている傑物である。たまたま小楠が失脚する事件があり、この話は実現していないが、もし大胆な開明思想を持った横井が維新を生き延び、そして横井小楠と陸奥の

＊横井小楠――（一八〇九・九・二二～六九・二・一五）熊本藩士、儒学者。私塾「四時軒」を開き、多くの門弟を輩出した。松平春嶽の政治顧問となり、福井藩の藩政改革、幕政改革にかかわる。十津川藩士らにより、暗殺される。享年六十一。

コンビが成立して、それが明治維新政府の中枢の一角をなしていたら、明治の日本政治はどうなっていただろうかと思う。陸奥の人生で、真に陸奥を理解し、その才能を発揮させようと親身になったのは、坂本と伊藤、そして西園寺公望《さいおんじきんもち》しかいない。

これをみても、陸奥がいかに個性的で扱いにくかったかが分かる。つまり、坂本や伊藤のように、自分の能力にも自分の歩んでいる人生にも、絶対的に自信のある人物か、あるいは西園寺のように名門の公卿《くげ》として、それ以上求めるところのない人物は、素直に、陸奥の才能を讃嘆《さんたん》して包容できようが、そうでない普通の人では、到底、これを包容できないぐらい圭角《けいかく》の多い人間だったのであろう。

薩長藩閥に独り抵抗

しかし、陸奥の着想の自由闊達《かったつ》さは、維新の激動期にあって止《とど》まるところを知らない冴《さ》えをみせる。この稿前段で述べたように、英国公使・パークスに直談判し、岩倉を動かして王政復古の宣言を出させたかと思うと、日本に近代国家を設立することを急いで、明治二年（一八六九）、伊藤博文とともに廃藩置県の要望書を出す。

だが、薩長藩閥政府にとって、これは時期尚早《しょうそう》で、危険思想と看做《みな》されたために、陸奥は兵庫県知事を辞職して和歌山に帰郷する。そして、津田出《いずる》*とともに兵制改革を行い、四民平等の徴兵制度を敷いて、和歌山藩に、プロシアをモデルにした一大武装独立王国を築くことに成功する。

ところが、明治三年（一八七〇）二月には兵部省から全国の兵制を統一する布告がなされ、翌明治四年七月、廃藩置県が敷かれる。このため陸奥が心血を注いだ藩独自の軍隊は、二万人近い精鋭となっていたにもかかわらず、解体の憂き目を見るのである。

結局、政府の施策によって両手をもがれたような失望感を抱きながらも、陸奥は、津田出や濱口梧陵《はまぐちごりょう》*といった側近を、明治新政府の大蔵省に押し込んで、自身は神奈川県令として一官僚に戻ることになる。和歌山の独立王国も、薩長を凌《しの》ぐ二万の強兵

*津田出――（一八三二・三・三～一九〇五・六・二）幕末～明治の武士、官僚、陸軍軍人（少将、陸軍省局長）。紀州藩藩政改革に携わり、明治政府の廃藩置県、徴兵令に影響を与えた。
*濱口梧陵――（一八二〇・七・二四～八五・四・二一）紀州国広村出身、実業家、社会事業家、政治家。大久保内閣で初代駅逓頭（郵政大臣）。ヤマサ醤油第七代当主。津波から村人を救った物語「稲むらの火」のモデル。

も、もはや手中にない。これからは再び、薩長藩閥政府の一官僚として、差別に堪えながら苦難の道を歩まねばならなくなる。

この時の紀州藩の兵制改革は、今や歴史の中に埋没《まいぼつ》してしまっているが、明治維新の流れ、とくに西郷隆盛の思想に決定的といえるほどの影響を与えた歴史的事実がある。西郷は、一時は津田出を中央政府の最高責任者として迎えて兵制改革を行うことさえ考えていた。廃藩置県も、世襲禄の廃止も、徴兵制も、この紀州藩の動きに触発されたものと言って過言ではない。

われわれの知っている維新史は、薩長史観といえる。大正時代に内藤湖南《こなん》*も指摘しているというが、これが顧みられないまま、現在に至っている。廃藩置県、国民皆兵は、西郷の一言然諾で決まったように書いてある。薩長史観から、皇国史観、そして戦後のマルクス史観につながってしまったので、それ以外の見方は埋没してしまってその痕跡《こんせき》を見つけることも難しくなっているのである。

収監時も寸暇を惜しみ思索・執筆

さて、これだけの挫折に遭《あ》っても、陸奥の精神活動は少しも衰えない。廃藩置県、徴兵制度導入の後の近代化に不可欠な大改革である税制改革の考えをまとめる。陸奥のアイディアは採用されて、明治五年六月、租税頭《そぜいがしら》に就任。大蔵省の地租改正事務局長になり、徳川時代の検見法《けみほう》に代わる地租を導入して新政府の財政の基礎を築き、また、現在でも財務省の毎年の最大の事業である、予算書作成の作業も初めて完成する。

時の明治政府は、何から何まで陸奥の事務遂行能力におんぶしていた感がある。

こうして、陸奥は、我慢を重ねて勤勉《きんべん》に職務を遂行していたが、その忍耐にも限界が訪れる。征韓論論争で西郷、板垣が辞任し、かつて外国事務局時代の同僚だった伊藤や大隈重信、寺島宗則は閣僚になったのに、一番働いている陸奥だけは局長心得に

＊内藤湖南――――(一八六六・八・二七〜一九三四・六・二六) 東洋史学者。陸奥国毛馬内村(秋田県鹿角市)出身。京都帝大教授。邪馬台国論争では畿内説を主張した。

すぎない。これは藩閥人事のためである。そこで陸奥は、歴史に残る大論文「日本人」を草《そう》する。

その論旨は、明治維新は、徳川の専制から人民を解放し、近代国家を建設するためだったのではないか。それなのに、藩閥が政権を壟断《ろうだん》するとはなんだ、ということである。この論文により、とくに薩摩系の人々は、陸奥を蛇蝎《だかつ》のごとく嫌ったという。

こうして、再度、陸奥は辞表をたたきつけて政権を離れるが、やがて、元老院議員に任命され、今度は、元老院を真の立法府に育て上げ、薩長藩閥政権に対するチェックス・アンド・バランシーズを達成しようと努力する。

そこに明治十年（一八七七）、西南戦争が勃発《ぼっぱつ》した。西郷の挙兵を聞いた土佐の指導者は、すべて西郷派だった。陸奥はもともと海援隊以来、土佐派との付き合いが深く、林有造《はやしゆうぞう》、大江卓《おおえたく》など旧知の土佐急進派とともに、この機会に薩摩の力をそぎ、藩閥政府を倒すべく画策した。

それが露見して、十一年六月、逮捕され、判決が下り、東北の監獄に五年間収監される。この間、獄中に沈潜《ちんせん》して書を読み、思索して、ベンサムの立法論を全記し、

『面壁独語《めんへきどくご》』『福堂《ふくどう》独語』『資治性理談《しじせいりだん》』など、次々に著作をまとめる。

壮にして学べば老いて衰えず

そして出獄後、一八八四〜八六年までワシントン、シカゴで米国の民主政治を見聞し、イギリス、ウィーンで政治学を勉強する。この八年間が、陸奥が俗事を離れて勉学に集中した最後の期間であり、陸奥が国事に縦横に活躍する晩年の十年間の準備期間となる。

ヨーロッパで師事したウィーン大学教授、ローレンツ・フォン・シュタイン*は、社会学、政治学、行政学、法制学、財政学、経済学、国防に関する著作の数と内容において古今に例を見ないと言われている。

陸奥は、シュタインからプロシア流憲法の実体とその裏に潜む哲学について学んで

＊ローレンツ・フォン・シュタイン――（一八一五・一一・一八〜九〇・九・二三）ドイツの法学者・行政学者・財政学者・思想家。伊藤博文にドイツ式立憲体制を勧めて、大日本帝国憲法制定のきっかけを与えた。

いる。

陸奥の勉強ぶりは、現存する七冊のノートから推察できる。厚いものは三百五十ページもある大判のノートに、活字のような見事な細字でぎっしりと書きこまれている。その内容からいっても、字の美しさからいっても、別のノートに取ったものを整理して、清書したものであろう。その労力だけ考えても気の遠くなるような分量の勉強である。

ノートを受け取った返事と思われるシュタインから陸奥宛の手紙を引用する。

「講義録拝受。単に熟読しただけでなく、甚《はなは》だ愉快に感じました。わずか数カ月の間に、数百ページの原稿を整理することは容易なことではなく、大変なご勉強です。貴兄からご送付の講義録がかくも完全なのを拝見するにつけ、感に堪《た》えません。ご帰国の上は、きっと目覚ましいご活躍のことと期待します」

この陸奥の勉強ぶりに感嘆したのは、師シュタインだけではなかった。ウィーンの西園寺公使も二度にわたって、陸奥の勉強ぶりを伊藤に報告している。

「陸奥氏は今までは英国風の学問だったのですが、ヨーロッパに来てからは、また何か新たに感じられたところがあるようです。同氏の勉強ぶりは実に驚くべきものです。……私が考えるには、陸奥のような人物を民間に遊ばせておいては本人にとっても損ですが、政府にとっても得策とは言い難く、願わくは、速やかに政府にご採用になっては如何でしょうか。私は別に本人の肩をもってそう言っているのではありません」

人間はいくつになっても努力しなければならないものと思う。

このウィーンにおける勉強を西園寺が認めて伊藤に書き送ったことで、伊藤がどれだけ陸奥を見直したか、また、もともと親友陸奥を重用しようと思っていたとしても、それを容易にさせたか。もし陸奥が、獄中でセンチメンタルな詩作に耽《ふけ》っていたら、そしてヨーロッパで悠々《ゆうゆう》と遊学していたならば、その後の陸奥の将来はなかったであろう。

陸奥は常に、自力で運命を切り開いていったのである。そしてその蓄積が、後日、限りない力を発揮することになるのである。

以下、陸奥が、こうして蓄積した見識を持って、未曾有《みぞう》の国難に際して如何に対処したのかを、『蹇蹇録』を通して見ていこうと思う。

第一章　極東アジアの帝国主義競争

日清戦争を
勝利へ導いた陸奥の外交力

朝鮮を挟んで、日清両国は一触即発の状態へ。
戦力で勝る清国と、胆力で勝る日本。
強気の外交には国内世論の後押しもあった。

一　外交の活写が目的

――公式記録にない、外交の真意を

「はじめに」で記したように、『蹇蹇録』とは、日清戦争について、当時の外相・陸奥宗光が記した回想録（メモワール）である。

まず、『蹇蹇録』の緒言、今で言えば「はじめに」をご紹介する。

> 総《すべ》て外交上の公文なるものは概《おおむ》ね一種の含蓄《がんちく》を主とし、その真意を皮相《ひそう》に露出せしめず。従って単にこれを平読すれば嚼蠟《しゃくろう》の感なき能《あた》わざるもの往々にして然《しか》り。
> 乃《すなわ》ち本編に至りては総て事実の真相を解剖し、復その秘奥《ひおう》を掩《おお》わず。
> これを譬《たと》うれば公文記録はなお実測図面の如く山川の高低浅深唯《ただ》々その

尺度を失わざるを期するのみ。もし更に山容水態の真面目《しんめんもく》を究めんとせば、別に写生絵画を待たざるべからず。

本編の目的とする所、乃ち当時外交の写生絵画を作らんとするにあり。

読者もし公文記録を読み本編と彼此《ひし》対照せば、山水の尺度とその真面目とを併観《へいかん》するにおいて思い半ばに過ぎん。

明治二十八年　除夜　大磯において　　　　著者　識

【口語訳】

すべて、外交文書というものは、外務省の公文の記録に基づいていることはいうまでもないが、その真意を行間に潜めて、表には出さないものである。したがって、単にこれを読んだだけでは、砂を噛むような印象は避けがたい。

しかし、この書き物では、余すところなく真相を明らかにすることとしたい。

これを、たとえてみれば、公式の記録は実測に基づいて正確に等高線《とうこうせん》で書いた地図のようなものである。もし、山水のたたずまいを知ろうとすれば、そのほかに風景画がなければならない。

この書き物の意図は、まさに、当時の外交の風景画を描くことにある。もし読者が、公式の記録と、この書き物の両方を読んで比べてみれば、いろいろと思い当たられることもあると思う。

明治二十八年　除夜　大磯において　　著者　記す

ここで、「読む人にとって無味乾燥な外交文書の羅列のようなことはしない」と言っているのである。この文章を見るだけで、もう、陸奥の才筆の冴えが感じられる。

ただ、『蹇蹇録』は、百年以上前の文章であるので、現代人にはとっつきにくい。文章が文語文であるというだけでなく、書いた人の教養の背景が、現代人とは全く違うからである。

まず『蹇蹇録』という題からして、現代人には全く分からない。実は、当時でもよほど漢学の素養のある人でないと分からなかった言葉である。これは、易から出てきた言葉である。

漢学は四書五経を原典として学ぶが、五経を極める人が最後に学ぶのが易経である。当時の人でも易経までこなした人は少ない。佐久間象山*は易を能《よ》くしたとして有名であり、陸奥宗光の父であり、儒仏和歌に長じた哲人、歴史家、伊達自得翁も易に長じていた。

易のスタンダード・テキストは孔子が編纂したという周易《しゅうえき》であるが、その六十四卦の中に「蹇《けん》」という卦がある。

「蹇《けん》」とは、「足萎《な》え」を意味し、周易の解釈によれば、「蹇」の卦は、足が萎《な》えて前に進めない状況にある。

ところが易の解釈は、その人の置かれた立場、年齢によって違う。自分が人生の途中のどのあたりに居るかを考えてから、易の卦を読まねばならない。

易の六の二というのは、まだ人の家来である新進気鋭の身分を表す。周易の「蹇《けん》」

の六の二の解釈では、「王臣《おうしん》蹇蹇　躬《み》の故《こと》に匪《あら》ず」とあるだけで、退けばよいとか、待つのがよいとか、進退の吉凶には触れていない。なぜかといえば、王の臣として職分を果たすのであり、自分のためにするのではないから、形勢の良し悪しを考える必要はなく、ただひたすら献身的努力をすればいい、という意味である。

また、孔子による注釈といわれる象伝《しょうでん》によれば、「王臣蹇蹇、終《つい》に尤《とが》なきなり」とある。すなわち、成功や失敗は問うところではなく、たとえ失敗しても咎《とが》めるべきではないという意である。

諸葛孔明が、後出師《すいし》の表の結びで、「臣鞠躬《きっきゅう》尽力（力のかぎりを尽くす）、死して後やむ。成敗利鈍（うまく行くかどうか）は、臣の明（判断力）の能《よ》く逆覩《ぎゃくと》（将来のことを見通す）するところにあらざるなり」と言っているのと同じ精神である。

＊佐久間象山――（一八一一・二・二八～六四・七・一一）信濃松代藩士、兵学者、思想家。儒学者・佐藤一斎に学ぶ。西洋兵学を体得し、大砲鋳造に成功して名を高める。吉田松陰の密航に連座して、入獄、蟄居。その後、一橋慶喜に招かれ公武合体論を説く。京都で暗殺される。享年五十四。

この「蹇蹇」という言葉を、なぜタイトルとしたのか。

日清戦争を通じての陸奥は、きわめて厳しい状況を、万難を排して前進した。陸奥は結核を患《わずら》い、血痰《けったん》を吐き、高熱を冒し、命を削りながら難局に当たったのである。対内的には議会対策、対外的には、三国干渉があり、その舵取りは困難を極めた。

陸奥の言わんとする処は、「この国の存亡にかかわる難局に際して、ただひたすら献身して全力を尽くした。その結果、やってきた三国干渉は結局は避けがたく、どうやったとしてもああいう結果にならざるを得なかっただろう」ということであった。

これを率直に記した一節が、『蹇蹇録』の最終段にある。

「畢竟《ひっきょう》我にありてはその進むを得《う》べき地に進み、その止《と》まらざるを得《え》ざる所に止まりたるものなり。余は当時何人《なんぴと》を以てこの局に当らしむるもまた決して他策なかりしを信ぜんと欲す」（つまり、日本は、行けるところまで行き、とどまるべきところにとどまったのであって、自分としては、誰がこの場に当たっても、これ以上の策はなかったと思う）

ここまで分かれば、このメモワールに『蹇蹇録』という標題をつけた意味も分かり、また、当時の知識人の教養の深さを垣間見ることができる。

メモワールを書くことは、欧米の外交官の間ではほとんど習慣になっており、名作も多い。キッシンジャー*や、ウィストン・チャーチル*、ド・ゴール*のメモワールなどは、歴史的文献《ぶんけん》として必要不可欠な文書である。

しかし、日本の政治家や外交官では、断片的な回顧録のようなものはあるが、歴史家が資料として尊重するような本格的なメモワールは少ない。その少ない中でも、陸奥の『蹇蹇録』は、他と比べようがないくらい卓越《たくえつ》した内容をもっている。

---

* キッシンジャー――（一九二三・五・二七～）ドイツ系ユダヤ人。米ニクソン、フォード政権で国家安全保障問題担当大統領補佐官、国務長官を務めた。国際政治学者。
* チャーチル――（一八七四・一一・三〇～一九六五・一・二四）イギリスの政治家。第二次大戦中の第六十一代首相を務め（四〇～四五年）、大戦終結後、再び第六十三代首相となる（五一～五五）。ノーベル文学賞受賞。
* ド・ゴール――（一八九〇・一一・二二～一九七〇・一一・九）フランス陸軍軍人、政治家。第四共和政第二十一代首相（五八～五九）、第五共和政初代大統領（五九～六九）。

日清戦争を通じての陸奥の外交そのものが芸術作品であると同時に、『蹇蹇録』の文章そのものもまた、その背後の陸奥の類いまれな教養を背景として一個の芸術である。あるいは、その芸術性も考えると、チャーチル、キッシンジャーも凌《しの》ぐ世界最高のメモワールと言って良いかもしれないと、私は真剣に思っている。ただし、外人はこれを較べて読むことは不可能であるから、私個人の感想に過ぎないことになってしまう。これは日本文化というものの宿命であり、やむを得ないことであろう。

ここから先は一章ずつ『蹇蹇録』を読んでいきたいと思う。

二　東学党の乱

――その後の日清戦争の全局を決した、陸奥の判断

東学党は、一種の新興宗教から発生した社会的運動だった。それが、排外的な色彩を帯び、明治二十六年（一八九三）ごろから、ソウルでは東学党による外人追放集会などが開かれ、在留邦人は日本刀を携行したり婦女子の引揚げ準備を始めていた。

明治二十七年四月から、東学党・全琫準《ぜんほうじゅん》率いる農民一揆が全羅・忠清両道に広がる。朝鮮政府は政府軍八百名を派遣したが、それとともに、従来、朝鮮内における清国の勢力拡大の機をうかがっていた清国側の意も受けて、高官・閔泳駿《びんえいしゅん》は六月三日に清国に派兵を要請。李鴻章《りこうしょう》は、約三千名を牙山《がざん》に派兵する。

ここで清国に機先を制せられては壬午・甲申の変の二の舞となるので、日本も対抗

できる兵力を送らねばならない。しかし、中国本土から仁川まで汽船で十時間余りで派兵が可能だが、日本からは、当時の鉄道の終点・宇品港《うじな》からさらに四十時間を要した。それだけでも日本は不利であった。その不利な条件を克服するために、陸奥は、諸事きわめて敏捷《びんしょう》に対処する必要があった。

歴史家・王芸生は、日清戦争を回顧して、「悉《ことごと》く、日本側に機先を制せられた」と慨嘆しているが、この陸奥の判断と行動の速さは、その後の日清戦争の全局を決するほどの意義があったといえる。

早い段階から、陸奥外相は、京城《けいじょう》駐在の袁世凱《えんせいがい》と懇意だった駐韓臨時代理公使・杉村濬《ふかし》から、朝鮮から清への派兵要請の動きを察知していた。

杉村という人物は、「朝鮮に在勤すること前後数年、すこぶるその国情に通暁《つうぎょう》するを以て政府はもちろんその報告に信拠《しんきょ》し居たり」と信頼を寄せている。杉村は、新聞記者時代から朝鮮に関心をもって、朝鮮論を書き、自ら志願して外務省に勤務し、それまで十数年間、朝鮮問題ばかりに専念していた。

日清戦争勃発《ぼっぱつ》の時点で、日本外務省は、すでに、これだけの能力がある地域専門家をもっていたのである。

陸奥は、この杉村の情報を信頼して、事態の成り行きを子細《しさい》にフォローさせ、情勢の変化に応じてどう処置するかについては、つとに考えをめぐらすところがあった。この機を逸すれば、朝鮮は清国の意のままになると判断した陸奥は、日本から相当の軍隊を派遣して、朝鮮における日清両国の力の均衡《きんこう》を達成すべしと述べ、伊藤博文総理以下、全閣僚の賛同を得て六月二日、勅裁《ちょくさい》を得て出兵を決定する。

廟議《びょうぎ》既に此《かく》の如く（朝鮮国への軍隊派遣）決定したり。しかれどもこれを実地に執行するに及びては、時に臨み機に投じて国家の大計を誤るなきを期せざるべからず。……我はなるたけ被動者たるの位置を執り、毎《つね》に清国をして主動者たらしむべし、またかかる一大事件を発生するや外交の常習として必ず第三者たる欧米各国のうち互いに向背を生ずることあるべきも、事情万《ばん》やむをえざる場合の外は厳に時局を日清両国の間のみに限り、

――努めて第三国の関係を生ずるを避くべし。

【口語訳】

閣議は、朝鮮半島への出兵を決定した。しかし、これを実際に実施するに際しては、タイミングを失することなく、また国家の大計を誤ることのないようにしなければならない。……日本はできるだけ受け身の立場に立って、常に清国から初めに行動したようにさせるべきである。またこのような一大事件が発生すると、外交の常として、第三者である欧米各国の間に動きが出て来るが、事情が許せる限りは、極力、日清間の二国間関係の問題に限定して、できるだけ第三国の介入を避けるべきである。

軍もまた、有事に備えて出兵の準備をおさおさ怠りなかった。ゆえに、朝鮮政府が清兵の来援を要請したという内部の情報だけで直ちに対応できたのである。

政府は、早速、休暇中の大鳥圭介公使を軍艦・八重山で帰任させると同時に、第五師団の中から派遣軍を編成し、郵船会社にも運輸や軍需《ぐんじゅ》の徴発《ちょうはつ》を内命して敏捷《びんしょう》に準備を進めた。陸奥は、『蹇蹇録』にこう記している。

かかる廟算《びょうさん》は外交および軍事の機密に属するを以て、世間いまだ何人もこれを揣測《しそく》する能《あた》わず。而《しこう》して政府の反対者は廟議既にかく進行せしを悟《さと》らず、頻《しき》りにその機関新聞において、もしくは遊説委員を以て朝鮮に軍隊を派遣するの急務なるを痛論し、劇《はげ》しく政府の怠慢《たいまん》を責《せ》め、以て暗に議会解散の余憤《よふん》を洩らさんとせり。

【口語訳】

こうした政府の方針は、外交や軍事の機密に属するものであって、世間は誰もこれを推測することはできなかった。そのため、政府を批判する者は、すでに政府の措置がこのように進行していることを知らないので、しきりに新聞などで論説委員の筆で朝鮮に軍隊を派遣することが急務であると書き立て、政府の怠慢を激しく非難し、議会を解散させられた鬱憤《うっぷん》を晴らそうとした。

壬午・甲申の際の日本側の不手際と比べると、隔世《かくせい》の感がある。

この間、日本の軍備充実によって、日清間の軍事バランスがほぼ対等にまで変わっていたという背景はあったが、朝鮮から清国へまだ正式の派兵要請も出していない六月二日の時点で、もし伊藤と陸奥のどちらか一方でも、極めて常識的な判断として、「もう少し様子をみようか」と言っていたら、日清戦争の局面はまるで違っていたであろう。

この瞬間、日本が、外務大臣に陸奥をもち、総理に伊藤をもっていたことは、日本の運命に決定的に重大な影響を及ぼしたといえる。

三　清国の伝統的戦略の欠点
――戦争をする肚《はら》があるかどうか

日本政府は最初より被動者の地位に立つも、万やむをえざれば最後の手段を施《ほどこ》すに躊躇《ちゅうちょ》せざるの決心ありしにかかわらず、清国は日本および朝鮮を威嚇《いかく》するに先ず声を以てし、これに次ぐに形を以てすれば足れりとし、日清両国の間に紛擾《ふんじょう》の解けざる時には、到底これを干戈《かんか》に訴えざるを得ずとの決断を欠きたるものの如し。

清国既に然《しか》り。乃《すなわ》ち韓廷の如きは事大《じだい》の観念よりして、如何《いか》なる場合にても日本が清国に勝を得べしとは夢想《むそう》にだも思わず、俗にいわゆる大船に乗りたるが如き安心を以て清国にのみこれ依頼し居たるなるべし。けだしかくの如き誤謬《ごびゅう》に陥りつつ、清韓両廷共に平壌、黄海の戦い終わるまでは

――毫《ごう》もこれを覚《さと》り得ざりしは、誠《まこと》に是非もなき次第なり。

【口語訳】

日本政府は、初めは受け身の立場に立つとしても、万やむを得なければ、最後の手段に訴えることを躊躇しない決心があったのに対して、清国は、日本や朝鮮をまず声で威嚇し、次に、形(戦争に至らない軍事力の誇示や列強の干渉など)をもってすればそれで十分と考えて、最後には戦争に訴えざるを得ないとの決断を欠いていたもののようである。

清国がそう思っていただけでなく、朝鮮も、清国尊崇《そんすう》の念のために、日本が清国に勝てるなどとは夢にも思わず、いわゆる大船に乗ったような安心感で清国を信頼していたようである。このような誤りに陥って、清国も朝鮮もともに、平壌陥落と黄海の海戦が終わるまでは、全くこれを悟ることができなかったのは、どうしようもないことであった。

陸奥は、わずか二行で中国の伝統戦略とその欠点を喝破《かっぱ》している。まず、銅鑼《どら》を鳴らして、声を大にして「我は正しく、敵は邪悪である」と叫んで敵の士気を奪い、次に軍の威容《いよう》を示して敵の戦意をなくさせて、戦わずして勝つのが伝統的な中国戦略の基本である。

しかしそこに真の戦意が不在であれば、ただのこけ威《おど》しに過ぎない。一言で言えば、初めに戦争をする肚《はら》があるかどうかが日清戦争の全局を左右した、というのが陸奥の判断であり、歴史の流れから見て、おそらくは正しい判断といえよう。

清国側にも、この点を認識していた識者はいた。礼部侍郎《れいぶじろう》の志鋭《しえい》は、六月十五日の上申書で、「必戦《ひっせん》の勢いを示すことにより、転じて戦いを止めることもできよう。そうでなくて、ただ戦争を避けようとして、清国が退き、日本を進めさせるだけでは、かえって戦争は避けられない」と、至急《しきゅう》軍備を整えて日本に対抗する必要性を説いている。

しかし、これは容《い》れられなかった。王芸生は、後になって「清国側の事理《じり》は明白なるが、奈何《いかん》せん日本は已《すで》に戦争を決心せるため、一片の公文を以ては事態を変えられず（理は明らかに清国側にあったが、いかんせん、日本はすでに戦争をする決心をしていたので、一片の公文を以ては事態を変えることはできなかった）」と嘆いている。

四　日清間の最大の争点
――朝鮮は清国の属邦か独立国か

日清両国が朝鮮において如何に各自の権力を維持せんとせしやの点に至りては、殆ど氷炭《ひょうたん》相容れざるものあり。

日本は当初より朝鮮を以て一個の独立国と認め、従来清韓両国の間に存在せし曖昧《あいまい》なる宗属《そうぞく》の関係を断絶せしめんとし、これに反して清国は疇《ちゅう》昔《せき》の関係を根拠として朝鮮が自己の属邦《ぞくほう》たることを大方に表白《ひょうはく》せんとし、実際において清韓の関係は普通公法上に確定せる宗国と属邦との関係に必要なる原素を欠くにもかかわらず、せめて名義上なりとも朝鮮を以てその属邦と認められんことを勉めたり。……

……清国が朝鮮に軍隊を派出するは属邦を保護するためなりといふとい

えども、我が政府はいまだかつて朝鮮を以て清国の属邦と認めたることなく……

……保護属邦の文字に対しては、我は既《すで》に黙止《もくし》する能《あた》わず。而《しこう》して我よりの照会に対しては彼また数多《あまた》の詰問を試みんとせり。平和いまだ破れず干戈《かんか》いまだ交わらざるも、僅《わず》かに一篇の簡牘《かんとく》中既に彼我《ひが》その見る所を同じくせずして、早くも甲争乙抗《こうそうおつこう》の状態を表したる此の如し。別種の電気を含める両雲は已《すで》に正に相触る。その一転して電撃雷轟《らいごう》となるは形勢において甚《はなは》だ明らかなり。

【口語訳】

日清両国が、朝鮮において如何にそれぞれの権力を維持しようかという点においては、ほとんど真っ向から対立する状況であった。

日本は、当初から、朝鮮を一個の独立国と認め、これまでの清韓両国の曖昧な主従の関係を断絶させようとしていた。これに対して、清国は、昔からの関係を根拠として朝鮮が清の属国であることを世界に表明しようとしていた。実際には、清韓の関係は、国際法から見て宗主国と属国の関係とみなすだけの条件を欠いているにもかかわらず、せめて名目だけでも朝鮮を清の属国と認めさせようとしていた。……

……清国が「朝鮮に軍隊を派遣するのは、属国を保護するためである」と主張するが、我が政府はいまだかつて朝鮮を清国の属国と認めたことはなく……

……属邦を保護するの表現に対して問いただしたところ、清国は繰り返し議論をして来た。

平和はまだ保たれ、武力の行使は行われていないが、短い一篇の公文書の中にすでに日清間の見解の相違が出ていて、早くも両者の対立抗争する状態を表しているようである。プラスとマイナスの電気を含んだ雲が、今まさに接触しようとしている。そうすれば巨大な轟音《ごうおん》とともに雷が落ちることは、形勢から明らかである。

清国は、明治二十七年六月七日付公文で、東学党の乱を鎮圧するために若干の軍隊を朝鮮に派出する旨を日本に伝えてきた。

その表現は、やや傲慢《ごうまん》であったが、それはあえて問わないとしても、同文書に「我朝保護属邦旧例」にしたがって、とあったことは日本としては看過《かんか》できないとして、陸奥は、単に通知受領の返事にとどまらず、「保護属邦の語があるが、帝国政府はいまだかつて朝鮮国を以て清国の属邦と認めていない」と抗議した。

この清韓の宗属関係、つまり「朝鮮が清国の属邦か独立国か」は、明治の開国以来、日清間の最大の争点だった。

中国の朝鮮に対する宗主権《そうしゅけん》の問題は、明治八年の江華島砲台《こうかとうほうだい》の日本軍艦《ぐんかん》砲撃事件＊、明治九年の日朝修好条規《しゅうこうじょうき》＊の時以来の問題であった。

江華島事件以後、日本は朝鮮との修好を求めたが、朝鮮は、自分の国は清国に藩属《はんぞく》するので勝手に日本との修好はできない、といって回答を避けた。そこで日本政府は、森有礼《ありのり》外務大輔《たいふ》を北京に送って交渉させる。

清国は、日本の要求をそらす目的で、「朝鮮は属国といいながら、土地はもとより清国に属さず、したがって、中国はかつてその内政に関与したこともなく、また、外国との交渉も朝鮮の自主に任せているので、これを強制することはできない」と答えている。

王芸生は、「日本はこの一言で、朝鮮は独立国であるという証言を得たとした。その後の朝鮮問題の一切の紛糾《ふんきゅう》は、皆、この一語に禍《わざわい》するところとなった。不謹慎《ふきんしん》なるこの一言は、深い禍根《かこん》を残した」と慨嘆《がいたん》している。爾後《じご》、朝鮮は自主独立の国か、清の藩属国か、日清戦争で決着がつくまで二十年にわたる日清間の押し問答が続くことになる。

＊江華島砲台の日本軍艦砲撃事件（江華島事件）――一八七五（明治八）年九月二十日、朝鮮の首府・漢城の北西岸、漢江河口に位置する江華島で、日本と朝鮮間に起こった武力衝突。日本側の軍艦の名を取って雲揚号事件ともいう。日朝修好条規締結の契機になった。

＊日朝修好条規――一八七六（明治九）年に、日本と李氏朝鮮間で締結された条約。「朝鮮は自主の国であり、日本と平等の権利を有する国家と認める」「釜山以外に二港を開港する」「日本人の犯罪は日本の官吏が裁判を行う」を内容とする。

実は、陸奥は、清韓宗属関係の国際法的側面に深い関心をもち、すでに滞欧中（明治十七〜十九年、陸奥四十一〜四十三歳）、これを究めようとしたことは、滞欧中のノートから十分にうかがうことができる。

それによれば、国の中に、半独立国というものがあり、宗主国との間に対等な関係を有しない。

多くの学者は、国際法は国と国の関係であり、いわゆる半独立国はすべて主権国とみなすべきだと言っている。一般的には、半独立国という言葉は矛盾した言葉として反対されてきている。

オースティン*によれば、いわゆる半独立国は、次の三つのどれかに属する。

①みずからの意思で、宗主国を受け入れている国。これは主権国である。

②強制されて、そうしている国。これは宗主国に従属している（主権国ではない）。

③主権を、いわゆる宗主国とわけ合っている国。これは共同主権国である。……

ここに陸奥は、明快な回答を見出したのである。

とにかく、主権国か、従属地域か、どちらかにしてくれないと国際法上、困ることになる。主権があるなら自分の行動に責任をとってほしいし、ないのなら、宗主国が責任をとってほしい。どっちつかずで、場合によって都合の良いほうの立場をとられては困るのである。

こうして分類してみれば、朝鮮は純然たる独立国でしかないという立場を陸奥が押し通す理論武装は、日清戦争から遡《さかのぼ》ること十年前に、陸奥の外遊中にすでにできていたといえよう。

＊ オースティン（John Austin）――（一七九〇～一八五九）イギリスの法哲学者。一八二六～三二年、ロンドン大学の法学教授。①法とは主権者の命じる命令である②法においては命令と罰則は表裏一体③主権者は常に命令する側である、と主張した法実証主義の創始者。

五　混成旅団は撤兵せず
――外交では受け身、軍事では機先を

この時の、日本政府の行動の敏速《びんそく》さこそ、史上稀《まれ》な陸奥の判断の冴《さ》えと行動力を表したものである。

清国が韓国派兵を日本に通知するのは明治二十七年（一八九四）六月七日であり、そこで日本は、天津条約にしたがって出兵の権利が生じるわけであるが、日本が秘密に出兵を決定するのはその五日前の六月二日の閣議である。

当時大鳥公使は帰朝中であり、杉村濬《ふかし》が臨時代理公使を務めていた。すでに述べたように、杉村は、自ら希望して外務省に勤務し、朝鮮政府内はじめ、袁世凱に至るまでの広い人脈を擁していた。

さらに蛇足《だそく》を加えれば、杉村の長男、杉村陽太郎は国際連盟事務局次長、駐仏大使

を務め、その娘は青木盛夫アルゼンチン大使に嫁し、その子がペルーで人質となった青木盛久大使という外交官一家である。

その杉村の報告で、日本政府は、朝鮮政府が清兵の来援を要請することを事前に知っていた。朝鮮政府から正式の要請を出すことは六月一日に決定されたが、清国に通知するのは六月三日であり、日本はすでにその前日の閣議で派兵を決定して、行動を起こしていたのである。

壬午、甲申では清国の派兵に機先を制せられた。もともと日本から朝鮮に派兵するには清国からよりも三倍以上の時間を要する。今回は、その日本の地理的不利を克服して、清国の機先を制することに、陸奥は肝胆《かんたん》を砕いたのである。

清国の機先を制するには、このくらいの敏速な措置が必要であり、陸奥はそれを冷静、緻密《ちみつ》に実施したのである。

『蹇蹇録』によれば、それは外部には秘密だったので、世間はこの動きを知らず、政府反対派は、朝鮮派兵が急務であることを痛論し、しきりに政府の怠慢を責《せ》めていたという。こういう世論があることが陸奥の行動を楽にしていたのである。

その結果、大鳥公使は早くも六月九日に仁川《じんせん》に到着して海兵三百余名を引率して京《けい》城《じょう》に帰任した。ついで、第五師団《しだん》から派遣した一個大隊の陸兵《りくへい》が京城に到着、その後、混成旅団《こんせいりょだん》七千名が続々と到着した。

ちなみに、この混成旅団の派遣については、川上操六《そうろく》＊参謀《さんぼう》本部次長が、伊藤をだまして、「一個旅団を派遣する」と言って二千名程度の派兵の印象を与え、実は、八千名にも膨《ふく》らみうる混成旅団を派遣したという話がある。

一個旅団というのは、平時には二個連隊《れんたい》約二千名に若干のプラスを加えたものである。連隊は、師団の一部であり、それだけでは単独に動けないので、これを独立の単位とするために、補給《ほきゅう》、運輸、通信の装備や要員、そして若干の重火器《じゅうかき》などを足したものが旅団である。

混成旅団となると、さらに種々の能力をつけ足して、師団に近いさまざまな能力を有してはいるが、完全な師団とはいえないので、まだ旅団という名前が残っている部隊である。

つまり、伊藤に対して、「二個連隊プラス」の印象を与えて、実は「一個師団マイナス」を送ったということである。しかし、伊藤も陸奥も、当初の迅速《じんそく》大量の兵力派遣をはじめとして、開戦の際の軍の措置《そち》に何も文句を言っていない。たとえ伊藤がだまされたと知っても、「川上の奴《やつ》め！」と苦笑した程度であろう。現に、これが朝鮮半島における日清の軍事バランスに決定的な影響を与えている。

問題は、むしろ、日本の大兵《たいへい》が朝鮮に着いてからだった。着いてみると、それまでの東学党の民衆が跳梁《ちょうりょう》を極めた状況とは打って変わって、京城や仁川辺《あた》りは意外に平穏《へいおん》だった。

南部の反乱軍鎮圧《ちんあつ》の戦闘では、清兵の後詰《ごづ》めが来たというだけで、朝鮮の官軍の意気は大いに上がり、全州城《ぜんしゅうじょう》も奪還《だっかん》し、牙山《がざん》の清軍の出動を待たずに事態は収拾され

＊川上操六――（一八四八・二・六～九九・五・一一）参謀総長、陸軍大将。桂太郎・児玉源太郎とともに「明治陸軍の三羽烏」といわれる。薩摩藩士の三男。藩閥にとらわれず軍人の育成に貢献。享年五十。

つつあった。

そこに七千余りの日本軍がやってきたのはいかにもおかしい。陸奥は次のように描写している。

我が軍隊は彼の地においても能《よ》く紀律節制《きりつせっせい》を守り秋毫《しゅうごう》も犯す所なき美風を顕《あらわ》したるは、すこぶる外人等の驚歎《きょうたん》を博したるも、軍人は如何《いか》に平和的に行動するもやはり軍人なるが故に、京城、仁川の間において殆《ほとん》ど七千有余の軍隊の滞陣《たいじん》するは彼らの眼裡《がんり》において甚《はなは》だ怪異《かいい》とし、またこれを危疑《きぎ》したり。

彼らは仁川、京城の間において日夕現に多数の日本軍隊の徘徊《はいかい》するを目撃したれども、その牙山における清兵の挙動《きょどう》如何は固《もと》より毫《ごう》もその視聴に触れざりし。これを概言《がいげん》すれば彼らは我が政府出兵の名義およびその真意の如何を問わず、日本政府は平地に波瀾《はらん》を起し時宜《じぎ》に依り朝鮮を侵略せんとするの意ありと妄想《もうそう》したり。よって彼らは日本に対するよりも多く清国

――に対して同情を表し……

【口語訳】

日本の軍隊は、朝鮮においてもよく規律を守り秩序正しく少しも民衆から略奪などをしなかったことは、外国人などには驚嘆をもって受け止められたが、軍人はいかに平和的に行動してもやはり軍人であるから、京城、仁川の間に約七千人余りの軍隊が滞陣するのは、外人の眼にははなはだ異様に映り、疑念を抱かせた。

外人達は、仁川や京城付近で日夜、多数の日本兵の姿を目撃していたが、清兵は牙山にいるので外人の耳目に触れない。従って、日本政府の出兵の大義名分や真意とは関係なく、日本は平地に波瀾を起こし、機会があれば朝鮮を侵略する意図があると想像した。そして彼等は、日本に対するよりは、清国の方に同情を表し……

清国側は、袁世凱《えんせいがい》が主導して、東学党の乱を機に「好機逸《いっ》すべからず」と、朝鮮や本国を説得して出兵にこぎつけたのであるが、日本軍の迅速、大量の出兵を聞いて「しまった」とほぞをかんだ。そこで、今度は、朝鮮政府を通じて、日本軍の撤兵《てっぺい》を要求させる工作に専念した。

一方、日本側の大鳥公使は、建前上「平和的解決」の訓令《くんれい》を受けていたので、こうした京城付近の様子や各国の反応を見て、日本の外務省に、これ以上の後続の派兵を見合わせるように意見具申してきた。

しかし、陸奥は、予定通りの派兵を継続する覚悟を決めていた。

翻《ひるがえ》って我が国の内情を視《み》れば、最早騎虎《きこ》の勢い既に成り、中途にして既定の兵数を変更する能《あた》わざるのみならず、従来清国政府の外交を察すればこの間如何なる譎詐《きっさ》権変の計策を逞《たくま》しくし最後に我を欺《あざむ》くやも知るべからず。また近頃天津および北京よりの電報に拠《よ》れば清国はなお多数の軍隊を朝鮮に送らんため、すこぶる出師《すいし》の準備を急ぎおれりとの事も聞こゆるを

以て、這《こ》の一面においては大鳥公使の申請を至当《しとう》のことと思考するも、那《か》の一面より観察を下すときは何時如何なる不慮の変化を発生するやも計りがたく、もし危機一発するときは成敗《せいばい》の数全く兵力の優劣にあるを以て、ともかくも当初の廟算《びょうさん》に予定したる混成旅団は速《すみ》やかに朝鮮に派出し置くを万全なり…

【口語訳】

ひるがえって、わが国の内情を見れば、もはや騎虎の勢いができあがり、もう派兵の数を削減するわけにはいかない。また清国の外交は、どんな権謀術策で最後には日本を欺くかもしれない。また最近の天津や北京からの電報によれば、清国はさらに多くの軍隊を朝鮮に送るために、増兵の準備を急いでいるという情報もある。大鳥公使の言うことも、一面、もっともではあるが、他面、事態はどう変化するか分からないし、もし危機になれば、勝敗の帰趨《きすう》はすべて、兵力の優劣で決まるので、当初の予定通り、混成旅団を速やかに派遣するのが安全の策と考えた。

先のことはどうなるか分からないし、最後に決め手となるのは兵力バランスだという冷徹な判断である。もちろん、ここまで考えるにあたっては、壬午、甲申の二乱で清国の権謀術数にしてやられた経験があることはいうまでもない。

一方、大鳥・袁世凱の相互撤兵《てっぺい》交渉は順調に進捗《しんちょく》し、公文の交換直前までいってしまう。

ここで公使館次席の杉村濬《ふかし》は考えた。日本政府がこれほど多くの兵を送ってくるというのは、何か特別の意図があるのであろう。日本兵の存在が目立って評判が悪いという朝鮮における現状だけを考えて、派遣兵力を制限するようなことをしてはいけないのではないか……。

この確信は、六月十六日に仁川に上陸した大島義昌《よしまさ》旅団長に会って、ますます強くなった。杉村は、同日、仁川から京城に帰任するや、大島公使に話して公文の交換だけは取りやめることにした。

陸奥の心中と、杉村の読みはピタリと合っていた。電信の連絡が悪く、不通のことが多かったたし、また高価な電信代の節約のために十分、意を尽くせない短文しか送れなかった当時だけに、この緊急事態における両者の呼吸が合っていたことは、どれほど事態の進展に寄与《きよ》したか分からない。

こうして兵力は予定通り派遣することになったが、そうなると、この派遣軍の事後措置をどうするかが、外交の苦心の存するところである。陸奥は、『蹇蹇録』第三章をこう締めくくっている。

我が政府の廟算《びょうさん》は、外交にありては被動者《ひどうしゃ》たるの地位を取り、軍事にありては常に機先《きせん》を制せんとしたるが故に、かかる間髪《かんはつ》を容《い》れざる時機においても外交と軍事との関係上、歩武相聯行《ほぶあいれんこう》するためその各当局者はすこぶる惨憺《さんたん》たるの苦心を費やしたるは今においてこれを追懐するも、なお竦《しょう》然《ぜん》たるものあり。

今や日清両国の軍隊は斉《ひと》しく朝鮮の国内に駐在すれども、その屯地《とんち》相離隔《りかく》して瞬間に衝突するの患《うれ》いなきが如く、またかの東学党も表面は先ず鎮静したる姿となりたる如くなれども、日清両国の軍隊はなお睥睨《へいげい》、対峙《たいじ》し各自互いに猜疑《さいぎ》と希望とを抱き居るが故に、樽俎《そんそ》の間に彼我釈然共にその派遣の軍隊を朝鮮国より撤退せんことは殆《ほとん》ど望み得べからず。さればとてここに急迫の原由《げんゆう》もなく、または単に外観上なりとも至当の口実もなきに互いに交戦するに至るべき由もなければ、この内外の情形に対してその措置を尽くさんとせば、到底何とか一種の外交政略を施《ほどこ》し事局を一転するの道を講ずるの外、策なきの場合となりぬ。

【口語訳】

わが閣議の方針は、外交では受け身の立場を取り、軍事ではつねに機先を制しようとしたため、このようなギリギリの状況の下において、外交と軍事の間をどうやってうまくやっていくか、関係者は、惨憺《さんたん》たる苦心をしたものであり、今これを思い出しても、ゾッとして身のすくむような思いがする。

今や、日清両国の軍隊は、同じ朝鮮国内にはいたが、駐屯地が離れていて衝突の可能性はなく、東学党も表面的には鎮静した形となっている。その中で日清両国軍は、互いに猜疑と希望をもって相対峙している状況であり、外交交渉で両者が釈然として撤兵することはまず望めない。といって、たとえ外見上の口実であっても何か理由がなくては、交戦が始まるべくもなく、ここでは、なんとか外交上の工夫で状況を一変させるほかは、事態を救う余地がなくなってしまった。

さて、陸奥の秘策とは何であろうか。

六　朝鮮改革案は清への最後通牒

――戦争も辞さない決意の提案

ここで、伊藤と陸奥の協議の結果、六月十四日の閣議で、伊藤自ら手書きで閣僚に示したのが、日清開戦に重要な意味をもついわゆる朝鮮の内政改革案である。

その内容は、「朝鮮内乱は日清両国の軍隊共同勠力《りくりょく》して速やかにこれを鎮圧すべし、乱民平定の上は同国の内政を改革するため日清両国より常設委員若干名を朝鮮に派出し、大略《たいりゃく》同国の財政を調査し、中央政府および地方官吏《かんり》を沙汰《さた》し、必要なる警備兵を設置して国内の安寧《あんねい》を保持せしむべし、同国の財政を整頓し出来得るだけの公債を募集して国家の公益を起すべき目的に使用せしむべし」

つまり①朝鮮内乱は、日清両国の軍隊が協力して速やかに鎮圧すること、②内乱平定の上は、朝鮮内政を改革するため、日清両国から常設委員若干名を朝鮮に派遣して、同国の財政を調査し、中央や地方の官僚組織を整備し、必要な警備兵を置いて国内の秩序を保持させる、③朝鮮の財政を整理して、できるだけ公債を募集して国家の公益になる目的に使うべし、というものだった。

同案の直接の目的は、在韓の日本軍に、駐留を続ける正当な口実を与えることにあったことは、前項で陸奥が正直に書いている通りである。

しかし、それだけでなく、当時の日本の対韓政策としては正攻法であったともいえる。甲申事変では、近代化路線を主張する独立党のクーデターが、圧倒的に優勢な清兵に潰されてしまった。今度は、優勢な日本軍を京城に擁している。これは朝鮮の近代化のための改革を実施する機会である。

時まさに、西欧文明のヘゲモニーの絶頂期である。後進国を植民地にしても、野蛮の民に恩恵を与えるためということで、十分正当化された時代である。気の毒な未開の朝鮮を文明化させるためというだけでも、結構、派兵の理由となりえた。

陸奥は、この伊藤提案について熟考《じゅっこう》する。

余もまたこれに対しあえて異議あるに非ざれども、第一にこの一事は我が外交の位置を一時被動者《ひどう》より主動者《しゅどう》に変ぜしめざるを得ざるの結果を生ずべしと思い、また今日の時勢においては清国政府はなお容易にわが提議に同意すべくもあらずと思い、而して《しこう》もし同政府がこれに同意せざるときに臨み、我が将来の外交政略を如何に継続進行すべきやと考え、かつ伊藤総理が閣議の席にては公然言明せざれども、同総理がこの提案を起草せしには別に胸裏《きょうり》に深く決するところあるべきを察したり。

故に余はこれに対して可否の決答《けっとう》を与うるためなお一日考慮の時間を得んことを請《こ》い、退朝の後、終宵《しゅうしょう》熟慮したれども、帝国政府は最早外交上権変《けんぺん》の進動に移らざるを得ざるの時期に達せり、また清国政府は十中の八、九までは我が提案に同意せざるべし、しかれども清国政府の同意なしとて我は空しく我が提案を古紙篋裏《きょうり》に投ずる能《あた》わざるは勿論のことなるべし、故に大要《たいよう》同総理の提案に従うの外、別に良図《りょうと》あるべしと思わざれども、もし清国政府にて我が提案に同意せざる場合においては、わが国自ら単独に韓国内政の改革を担当すべしとの決心をなし置かざれば、他日あるいは彼我の意見衝突したる時に及び我が外交上の進路を阻格《そかく》するの恐れありと思料《しりょう》したり。

【口語訳】

自分も、もともとこれに異議はないのであるが、まず、これによって、わが外交は、受け身の立場から主導的立場に変わる結果になることを考えなければならない。また、今日の情勢では、清国はこの改革案には容易には同意しないであろうが、同意しない場合は、その後の外交戦略をどのようにして維持していくかを考えた。そして、伊藤総理は閣議では明言していないが、この提案を起草した以上、胸中に深く決意しているものがあるに違いないとも考えた。

そこでわたしは、この提案の可否を決めるために、一日、考える時間がほしいと希望して家に帰り、一晩中、考えて、もはや日本は、外交上、策略を用いるべき時期に来たと判断した。清国政府は、十中八、九までは日本の提案に同意しないであろうが、その場合でも、日本の提案を捨てることはできないことは当然である。伊藤総理の提案に従う以外にいい考えがあるとは思えなかったが、もし清国が日本の提案に同意しない場合には、日本が単独でも朝鮮の内政改革を担当する決心をしておかないと、将来、日清間の意見が合わないときに、日本外交の進路が塞《ふさ》がれる恐れがあると判断した。

そこで、陸奥は、翌日、内閣会議で、伊藤総理の提案に加えて二項目を付け加えた。

すなわち、「清国政府との商議の成否にかかわらずその結果如何《いかん》を見るまでは、目下韓国に派遣しある我が軍隊は決して撤回すべからず、またもし清国政府において我が提案に賛同せざるときは、帝国政府は独力を以て朝鮮政府をして前述の改革をなさしむるの任に当るべし」（清国との交渉の結果が出るまでは、日本軍を撤兵しないこと。もし清国が日本の提案に賛同しないときは、日本の独力で、朝鮮の内政改革を行わせること）を追加し、裁可《さいか》を得た。

今や我が外交は百尺竿頭《ひゃくせきかんとう》一歩を進めたり。……もし清国政府にして如何なる処置に出るも、いやしくも我が提案を拒絶するに及べば我が政府は固《もと》より黙視《もくし》する能《あた》わず。よって以て将来あるいは日清両国の衝突を免《まぬか》れざるべく、我は竟《つい》にやむをえず最後の決心を実行せざるを得ざるに至るべきなり。しかれどもこの決心や、最初帝国政府が朝鮮に軍隊を派出せし時においで業已《すでに》定めたる所なれば、今に及びて毫《ごう》も躊躇《ちゅうちょ》するの謂《いわ》れなし。

【口語訳】

今や、日本の外交は、最早引き返せない所からさらに一歩前進することになった。……もし清国政府が日本の提案を拒否することになれば、我が政府は最早、黙視することはできない。したがって、いずれ日清両国の衝突を免れることはできず、日本政府はその時は、やむを得ず最後の決断をしなければならない。しかし、この決心は、最初に日本政府が朝鮮に軍隊を送った時に、すでに決めたことなので、今となって少しも躊躇する理由はない。

もともと朝鮮を属国とみなす清国が、日本と対等の立場での共同改革に同意するはずもなく、まして日本単独ということは実際上、日本の保護国化であり、これを容認するはずはなかった。

すなわち、日本から清国への提案は、即ち、「戦争も辞せず」との決意を込めた提案であった。

七　朝鮮の内政改革案は道具
——陸奥が見せた冷徹なリアリズム

列国や朝鮮政府は、まず日清両国が相互撤兵をするのが穏当《おんとう》だと考えていた。そうした中で陸奥や伊藤が朝鮮改革まで撤兵しないと言って押し通せたのは、日本世論の強い支持があったからだった。

そもそも我が国の独力を以て朝鮮内政の改革を担任すべしとの議の世間に表白せらるるや、わが国朝野《ちょうや》の議論、実に翕然《きゅうぜん》一致し、その言う所を聴くに概《おおむ》ね朝鮮は我が隣邦《りんぽう》なり、我が国は多少の艱難《かんなん》に際会《さいかい》するも隣邦の友誼《ゆうぎ》に対しこれを扶助《ふじょ》するは義侠《ぎきょう》国たる帝国としてこれを避くべからず、といわざるなく、その後両国已《すで》に交戦に及びし時に及んでは、我が国は強《つよき》を抑え弱《よわき》を扶《たす》け仁義の師を起すものなりといい、殆《ほとん》ど成敗の数を度外視《どがいし》し、この一種の外交問題を以《もっ》てあたかも政治的必要よりもむしろ道義的必要より出でたるものの如《ごと》き見解を下したり。

【口語訳】

日本の独力でも朝鮮内政改革を担当すべきだという清国への提案が世間に明らかにされると、わが国の議論は、朝野を挙げて見事に一致して支持した。彼らの主張は、おおむね、朝鮮はわが隣国であり、わが国は多少の困難があったとしても隣国との付き合いからこれを助けるのは義侠心に富む国として当然だというものだった。

また、その後、戦争が起こった時は、強きを抑え、弱きを扶ける仁義の戦争を起こすのであると言い、勝ち負けさえ度外視して、この外交問題を、政治的必要からではなく道義的必要から出たもののように論じた。

しかし、陸奥は、きわめて冷徹であった。

余《よ》は固《もと》より朝鮮内政の改革を以て政治的必要の外、何らの意味なきものとせり。また毫も義侠を精神として十字軍を興《おこ》すの必要を視《み》ざりし故に、朝鮮内政の改革なるものは、第一に我が国の利益を主眼とするの程度に止め、これがため敢えて我が利益を犠牲とするの必要なしとせり。……

余は初めより朝鮮内政の改革その事に対しては格別重きを措《お》かず、また朝鮮の如き国柄が果して善く満足なる改革を成し遂ぐべきや否やを疑えり。……

わが国朝野の議論が…とにかくこの一致協同を見たるのすこぶる内外に対して都合好《よ》きを認めたり。…ともかくも陰々たる曇天《どんてん》を一変して一大強雨を降らすか一大快晴を得るかの風雨針としてこれを利用せんと欲したり。

【口語訳】

私は、もともと、朝鮮内政の改革は、政治的必要の外は何の意味もないものと考えていた。また、いささかも義侠心から十字軍を起こす必要を感じなかったので、朝鮮の内政改革は、第一にわが国の利益を主眼とする程度にとどめて、そのためにわが国の利益を犠牲にする必要はないと考えた。……

私は、初めから朝鮮内政の改革自体についてはとくに重きを置かず、また朝鮮のような国柄が果たして満足な改革ができるかを疑っていた。……

しかし、わが国の世論が一致してこれを支持したことは、内外政策にとってすこぶる好都合だと思い、これを日清関係の曇天を一変して、一大豪雨を降らせるか、一大快晴を得るかの手段として利用しようとしたものである。

陸奥は、冷徹なリアリズムで、日本国内の世論の動向を捉えていた。王芸生《うんせい》が、右を引用して「夫子《ふうし》（ご本人）自ら、明らかに日本政府の意図を野心的に表明している」と評したのも当然である。

偽悪的《ぎあくてき》とさえいえる赤裸々な文章であり、日本のような感傷的な風土では、稀《まれ》に見るドライな文章である。

日清戦争は陸奥が苦心惨憺《さんたん》して開戦にこぎつけた戦争であり、朝鮮の改革は戦争に持ち込むための口実に過ぎなかった。平和主義に至上の価値観を置く戦後の日本の風潮、民族自決を大原則とする戦後世界の思潮からすれば、許し難い行動である。

しかし歴史は、その時代を生きた人の価値観で理解すべきであり、現代の、せいぜい二十世紀百年間だけに存在する価値観で判断すべきものではない。

すでに述べたとおり、帝国主義時代の人々を帝国主義的と批判するのは、中世の人を、中世的あるいは前近代的と批判するのと同じで、歴史の理解に何の役にも立たず、時間のムダである。

時代は帝国主義時代の真っただ中である。清廷の中では、この際朝鮮支配を強め、その上で、沖縄併合を問責して、日本を攻撃する政策も進言されている。一瞬の油断がどういう結果を生むか分からない。また、日清戦争の勝利が無ければ、十年後のロシアの南下に対しては、日本は到底抵抗できなかったであろう。日本はギリギリのタイミングでロシアの侵略を免れたといえる。

日清日露戦争を戦い抜いて、帝国主義競争に勝ち残り、大国の植民地でも、半植民地でもない日本を残してくれた明治の人々にわれわれは感謝しなければならない。現在われわれ日本人が享受《きょうじゅ》している豊かな生活、高い教育技術水準は、帝国主義時代を生き抜いてくれた明治の人々に負うところ少なくない。

第二章　列強の干渉

陸奥の早目早目の外交措置で、
開戦の障碍《しょうがい》を除く

「断りもなく、勝手に手を出すな」という干渉は、
帝国主義時代の列強の〝作法〟であった。
干渉を排除するか、受諾するか——
ここが外交手腕の見せ処だった。

八　ロシアの干渉①

――伊藤・陸奥、開戦外交の最大の山場

六月二日に派兵を決定するとともに、日本政府は今後の方針を決め、その中で「努めて第三国との関係を生ずるを避くべし」と決定したが、そう決めても、外国の側から干渉してくることは避け難かった。

朝鮮は、日本の出兵に驚いて、何とか撤兵してほしいので外国と見れば誰にでも干渉してくれと頼むし、清国は、日本に機先《きせん》を制せられた状況では、朝鮮半島で軍事衝突するには形勢が悪いので、何とか大国の圧力で日本軍を撤兵させようとする。英米露の干渉は、いずれも清国か朝鮮からの強い要請によるものだった。

しかし、イギリスやロシアのような大国は、こうした要請がなくてもいずれは干渉

してきたであろう。

時は、十九世紀の帝国主義の真っただ中である。干渉するということは、国家の権威であった。世界のどの一隅であっても、俺に断りなく、勝手なことをしてもらっては困るぞ、という意思表示のためだけでも干渉をする。

他方、どうせ干渉は来るのだとしても、第三国が言ってきたことを全部、真剣に取り上げなければならない、というものでもない。

たとえば、普仏《ふふつ》戦争*初期に介入の機会を逸した英国は、プロシアの予想外に速《すみ》やかな勝利を見て、プロシアがフランス領土の割譲《かつじょう》を求めるのには反対だと干渉して来る。しかし、もう大勢が決してしまった後《あと》なので、プロシアはこれを拒否し、アルザス・ローレンを手に入れるが、英国はそれ以上は何も言っていない。

干渉してきた真意は何か。単に一言、言わざるを得ないというだけなのか、それとも、あくまでも介入を貫く意思があるのか、またそのための軍備はあるのか、まで見極めなければならない。

すなわち、相手とのやりとりの中に、相手の意思の強さを計《はか》り、また戦備の状況をよく観察して、介入を押し通す能力があるかどうかを読み切らなければならない。

ここでこそ、陸奥の判断力と手腕が遺憾なく発揮されるのである。開戦外交では、陸奥は、干渉を排除してよいと読み切って、開戦した。そして、後《のち》の三国干渉の際は、今度は本気と読んで撤退した。この判断は、歴史的にいずれも正確であった。この比類ない正確な陸奥の読みが、大日本帝国の興隆の出発点となるのである。

さて、干渉の端緒《たんしょ》はロシアから開かれた。李鴻章が北京でロシア公使に調停を懇請したのを受けて、駐日公使・ヒトロヴォーが陸奥に面会を求めてきた。

ヒトロヴォーは、ロシア政府は日清間の紛争が速やかに解決されることを望むと述べ、日本政府に対して、清国が朝鮮から撤兵すれば日本も撤兵することに合意する

＊普仏戦争——一八七〇～七一年　フランスとプロイセン王国の戦争。フランス側はナポレオン三世、プロイセン側はヴィルヘルム一世の下にビスマルク、大モルトケが指揮し、ナポレオン三世は降伏した。

か、と質問してきた。これに対して陸奥は、「お考えはごもっとものようであるが、従来、清国は、陰険《いんけん》な手段で朝鮮の内政に干渉して日本や朝鮮を欺《あざむ》いてきた経緯があり、日本が清国の言うことを信用しないのも根拠がないことではない。したがって、もし、清国が共同で朝鮮の内政改革に当たるか、あるいは日本が独力で改革するのを妨害しないか、いずれかの保証を与えたうえで撤兵すれば、日本も撤兵する」と返事をした。閣議で、第三国の干渉排除の方針を決め、また、清国が合意しない場合は、日本独自で朝鮮の改革を推進するところまで方針を固めておいたのが、ここで生きて来ているのである。

ここで、ロシアは日本の決意が相当に固いと見て、ヒトロヴォー公使は改めて公文を携えて来た。その概要は、「朝鮮政府は、同国の内乱既に鎮定したる旨、公然同国駐在の各国使臣《ししん》に告げ、また日清両国の兵を均しく撤去せしむることに付き該使臣等の援助を求めたり。よって露国政府は日本政府に向かい朝鮮の請求を容れられんことを勧告す。もし日本政府が清国政府と同時にその軍隊を撤去するを拒《こば》まるるにおいては、日本政府は自ら重大なる責に任ぜらるべきことを忠告す」（朝鮮政府は、同国の内乱がすでに鎮圧されたことを各国駐在公使に告げて、日清両国が互いに撤兵することを求めている。ロシア政府は、日本政府に対して朝鮮の要求を受け容れることを勧告する。もし、日本が同時撤兵を拒否する場合は、日本政府は自ら重大な責任を負うことを忠告する）という厳しいものであった。

重大な責任を負う、ということは、これから何が起こっても日本の責任だよ、ということで、ロシアのフリーハンドを維持するということであり、外交上、重大な脅迫である。これがのちのロシアの対日砲艦外交の準備と三国干渉に至る伏線《ふくせん》になったといっていい。これを見て、陸奥は直ちに、事態は重大だと判断した。そしてまず、自分の考えをまとめたうえで、伊藤の判断を確かめようとして、すぐに伊皿子《いさらご》の伊藤邸に赴いた。伊藤との会談は、陸奥の筆を借りれば、以下のようなものだった。

（陸奥は、）黙然《もくぜん》一言を発せず、先ず露国公使の公文を示しその意見如何を聴かんと乞《こ》えり。同総理は一読の下、沈思良《やや》ゝ久しくして後徐《しず》かに口を開き、吾人《ごじん》は今に及び如何にして露国の指教《しきょう》に応じ我が軍隊を朝鮮より撤去し得べきや、と確言せり。余はこの言を聴き、尊意《そんい》正に鄙見《ひけん》に符合す、将来事局の艱易《かんい》は一に吾儕《わがせい》二人の責任に属す、また多言を要せずといい、匆々《そうそう》辞去し、即夜、在露国公使西徳二郎に急電し、露国の勧告に対し如何《いかが》回答すべきやはいまだ閣議を経ざれども、余と伊藤伯とは、今日、露国の指教に応じ我が軍隊を朝鮮より撤去すべき時機に非ずとの意見なりと言い送り、またあるいは向後《こうご》英国をして露国を牽制《けんせい》せしめんとするには、彼の国より先入為主の説を注入せざる以前に窃《ひそ》かに英国政府に我が意向を洩示《せつじ》し置くこと肝要なりと思いたるが故に、在英国公使青木子爵にも西公使に発したると同様の電訓を発したり。

嗚呼《ああ》、余は今において当時の事情を追想するも、なお悚然膚《しょうぜんはだ》に粟《あわ》するの感なき能《あた》わざるなり。けだし当時伊藤と余との晤談《ごだん》は実に両言にして定まれり。黙諾《もくだく》の間彼此意見の同じきを見たり。しかれども試みに思え、もし当時余と伊藤との意見相異なるか、あるいはその意見を異にせざるも、もし彼此共に反対の方向に判断を下したりとせば、当時の事局如何に変転したるべき乎《か》。今日我が国が世界に誇耀《こよう》する勲績《くんせき》、光栄はなおこれを得たるべしとする乎。

【口語訳】

自分からは、一言も意見を言わないで、まずロシアからの通告を示し、伊藤の意見を求めた。総理は一読して、しばらく沈思したうえで、おもむろに口を開き、「今になって、どうやって、ロシアの言いなりになって、わが軍を朝鮮から撤退できるだろうか」と明確に述べた。自分はこの一言を聞いて、「総理のご意見は私と同じです。今後の事態をどう乗り切るかは、われわれ二人の責任に属します。これ以上、多くを言うこともありますまい」と言って、早々に辞去した。

そして直ちに、駐露日本公使・西徳二郎に、「まだロシアに対してどう回答するか閣議を経ていないが、われわれの意見は撤兵の時期ではないというものだ」と打電し、またロシアが日本より先に英国に話を持ち込まないうちにということで、英国に日本の意向を伝えておくことが肝要だと考えて、英国駐在・青木公使にも西公使と同様の打電をした。

ああ、今でも当時の事情を思い出すだけで、ゾッとして肌に粟が生ずる感じがする。

この時、私と伊藤の会談は、実に二人の一言ずつで決まった。それ以上は話さなくても意見が同じことが分かったのだ。しかし、もし仮に、私と伊藤の意見が相異なるか、あるいは同じ意見としても、別の方向に決めていたならば、どうなっていたであろうか。現在、わが国が世界において誇る栄光は得られているであろうか。

この場面こそ、伊藤、陸奥の開戦外交の最大の山場であった。

もし伊藤が、極めて常識的に、少し様子を見ようか、と言っただけで、事ごとに清国の機先を制した日本の外交は挫折した可能性があった。それだけでなく、日本がひるんだ所を示すだけで、ロシアはじめ列国はかさにかかって干渉を強化して来た可能性もある。伊藤も陸奥も、情勢をよく読んでいたのだと思う。三国干渉のときは、伊藤は、もう少しロシアの意図を読んでからという陸奥の意見に対して、ロシアの意図など読まなくても分かっている、と言っている。

朝鮮半島に対する日本の大兵派遣は、清国、朝鮮をはじめすべての国の意表をついていた。伊藤と陸奥は、それを意図的に実行した人間として、誰よりもそれを知っていた。各国に、これに対応するいとまを与えず、迅速に事を処して行くのが得策である。ロシアの戦備もまだ整っていない。この機会を逸しては、せっかく築きあげた優位な地位が崩れてしまう。それを伊藤も陸奥も、よく見ていたのである。

後で振り返って見ると、たしかに、ロシアの極東の戦備は、実力で介入するほどにはまだ整っていなかった。また、後《あと》で分かったことであるが、この時点では、ロシアはまだ、新興ドイツ帝国の西における脅威が心配で、東に力を割《さ》くことを好まなかった。

伊藤と陸奥は、この〝伸《の》るか反《そ》るか〟の賭けに勝った。それが、『蹇蹇録』に、右のように表現されているのである。

九　ロシアの干渉②

――国家の運命を左右する陸奥の即断即決

陸奥は、この機を逸してはならないと、伊藤との会談の翌七月一日にロシアへの回答案を書きあげ、閣僚と協議のうえ、勅裁《ちょくさい》を得て、二日には公文をもってロシアに回答した。概要は、以下のようなものだった。

露国特命全権公使の送致せられたる公文は、事体《じたい》すこぶる緊要《きんよう》なるに依《よ》り帝国政府は篤《とく》と熟閲《じゅくえつ》したり。しかるに右公文中に朝鮮政府は同国の内乱既《すで》に鎮定《ちんてい》したる旨《むね》を同国駐在の各国使臣に通告したりとあれども、帝国政府が最近に接受《せつじゅ》せる報告に拠《よ》れば、今回朝鮮の事変を醸成《じょうせい》したるの根因《こんいん》いまだ芟除《さんじょ》せざるのみならず、現に日本兵隊を派遣するに至らしめた

る内乱すらもなおいまだその跡《あと》を絶たざるものの如し。そもそも帝国政府が該国《がいこく》に軍隊を派出せしは実に現在の形勢に対しやむをえざるものにして、決して疆土《きょうど》侵略の意を有するものに非ず。

故にもし該国の内乱全く平穏《へいおん》に復《ふく》し将来何ら危惧《きぐ》なきに至れば、その軍隊を該国より撤去すべきは勿論《もちろん》なることを露国特命全権公使に明言するを憚《はばか》らず。帝国政府はここに露国政府が友厚なる勧告に対し篤《あつ》く謝意を表すると同時に、幸いに両国政府間に現存する信義と交誼《こうぎ》とに因りその明言する所につき露国政府が充分に信拠を置かれんことを希望するなり。

【口語訳】

ロシア側の公文は、大変重要なことなので、じっくりと検討しました。ただしこの公文の中に、朝鮮政府は内乱が鎮定した旨、各国公館に通知したとありましたが、日本政府が最近受けた報告によれば、今回の事変を醸成した根本原因はまだ除かれていないだけでなく、今回日本軍の派遣を必要とした内乱もまだ後を絶たないようです。そもそも日本が朝鮮に出兵したのは、こういう状況でやむを得ず出兵したもので、決して領土を侵略するためではありません。

もし朝鮮の内乱がまったく平穏になり、将来も心配がなくなれば、もちろん撤兵することは明言いたします。日本政府は、ロシア政府の友好的な勧告に篤く謝意を表すと同時に、現在、幸いに両国間に存在する信頼と友好関係の上に立って、日本側が明言するところをロシア側が十分信頼されることを希望します。


言辞は極めて丁重なものの、「今回の事変を醸成した根本原因」とは朝鮮の内政の紊乱《びんらん》であり、換言すれば、内政改革が遂行されるまで撤兵しない、ということである。つまり実質的には、ロシアの提案の拒否である。

これに対して、ロシアがどう反応するか心配しながら待っていると、七月十三日に次のような回答が来た。

「露国皇帝陛下は日本皇帝陛下の政府の宣言中において、朝鮮に対して侵略の意なく、かつ該国の内乱全く平穏に復し禍乱《からん》再発の虞《おそれ》なきに至れば、速《すみ》やかにその軍隊を該国より撤去すべしとの意思なるを認め、大いに満足せり。但しこの上は日清両国政府の間速やかに協議を開き、平和の局を一日も早く結ばれんことを切望す。而して露国皇帝陛下の政府はその隣国たるの故《ゆえ》を以て、朝鮮国の事変はこれを傍観《ぼうかん》する能《あた》わずといえども、今日の場合は全く日清両国の葛藤《かっとう》を予防せんとするの希望に出でたるものなることを了解せられたし」(ロシア皇帝陛下は、日本がその宣言の中で、朝鮮に対して侵略の意図はなく、また内乱がまったく平静に復し、再発のおそれがなくなれば撤兵する意思であることを認めて、大いに満足しました。ただ、この上は、日清間で速やかに協議して、一日も早く和平を結ぶことを切望します。ロシアは隣国なので、朝鮮の事変は傍観するわけにはいかないのですが、今回の場合は、日清間の紛争を予防しようという希望から出たことであることは了解をいただきたい)

これで、開戦に対するロシアの干渉は去った。ロシアの隣国だとか、傍観できないとか、将来の干渉の余地を残す言辞は不気味だが、当面、日清間に任せるといったのである。

今後は、ロシアはおさおさ怠りなく極東の事態を注視する一方、ヨーロッパに配備している軍艦を極東に回航させるなど、介入のための実力を涵養《かんよう》して、必要とあればすぐに介入してくるのであろうが、当面の開戦には反対とは言っていない。伊藤、陸奥の賭《か》けは成功したのである。


日清戦争の全局を通じ、陸奥の決断の速さ、仕事の速さは驚くべきものがある。

六月二日に清国出兵の内報を受けるや、その日の閣議で日本の出兵を決め、その晩に川上操六中将と出兵の手筈《てはず》を決めている。

伊藤が考え出した朝鮮の内政改革案について、清国が拒絶の回答をしてきたのが六月二十一日だが、翌二十二日には、清国側の論点を一々論駁《ろんばく》し、最後に、「本大臣はこのように胸襟《きょうきん》を開いて、心から思っていることを述べているのであるから、たとえ清国政府と意見の違うところはあっても、日本は、断じて現在、朝鮮に駐在する軍隊を撤去することはできない」と結ぶ、長文のいわゆる第一次絶交書を手渡している。

いわゆる第二次絶交書も、北京における英国の調停が失敗したと聞いて、間髪《かんはつ》を入れず発出《はっしゅつ》したものである。そして、七月一日のロシアの干渉に対する回答も、翌二日に発出している。

これだけの国家の運命を左右するような事案について、陸奥が即断即決《そくだんそっけつ》し、かつ判断を誤らなかったその冴《さ》えは驚嘆に値する。

もちろん、何よりも、明治初年以来、培《つちか》ってきた伊藤、陸奥の信頼関係が背後にあり、情勢を先へ先へと読んで、事前に閣議の了承《りょうしょう》をとり、事態が起きると直ちに既定《きてい》方針に則《のっと》って即断即決できるようにしておいた陸奥の周到《しゅうとう》さがある。

さらに、後世の立場からみて驚くのは、できあがった公文書の内容に隙《すき》がなく、かつ文意暢達《ちょうたつ》なことである。

今の外務省で、これだけの内容の仕事を、これだけの速さで仕上げるのは、難しい、というよりも、まず不可能といってよい。課長レベルから協議を重ねて積み上げていく方式では、とても間尺《ましゃく》に合わないし、また、これだけの名文もできあがってこない。

おそらくは、陸奥自身が筆を執り、あるいは口述《こうじゅつ》したのであろう。あるいは徹夜をしたかもしれない。それが陸奥の健康を蝕《むしば》んでいったことは想像に難くない。

しかし、陸奥がこうやって事態の進展を速めていったことは清国側の対応を次々に後手後手《ごてごて》と回らせる効果があっただけでなく、開戦後の軍の速《すみ》やかな連戦連勝と相まって、ロシアが極東《きょくとう》の戦備を増して干渉の準備を完了する前に、わが方の既成《きせい》事実を作るのに貴重な時間を稼《かせ》いだのである。

十　英国の干渉
——後顧の憂いを払い、戦争へ突入

英国からも干渉は来た。しかし、それは、もともと、ロシアの干渉とは違う性質のものだった。

ロシアの干渉は、将来、シベリア鉄道も完成し、ロシアの極東侵略態勢の準備が整う前に、ロシアが野心を有する地域に日本が先に唾《つば》をつけるのを排除しようという意図があった。

それに対して、イギリスの場合は、既得権益《きとくけんえき》が影響を受けるのを心配しての現状維持派であり、『蹇蹇録』には、**「徹頭徹尾《てっとうてつび》何らかの原由《げんゆう》を問わず東洋の平和を擾乱《じょうらん》せざることを切望し居たるものの如し」**（徹頭徹尾、理由が何であろうと、東洋の平和がかき乱されることを望んでいないようであった）と記している。

したがって干渉の方法も、ロシアのように将来の利益を守るためにいろいろロシアの態度を留保しておくというものではなく、外交官としての職業意識《プロフェッショナリズム》に徹した日清間の調停の努力であった。

六月三十日、北京駐在・オコナー英国公使は、まず清国の総理衙門《がもん》（総理府《そうりふ》）を訪問して、清国政府が朝鮮の内政改革と領土保全の二つの条件を承認すれば、英国は各国と共同して、日本に撤兵の圧力をかけてみようと打診した。

朝鮮の内政改革という日本の主張も取り入れた妥協案である。清国政府は、この程度の漠然たる提案ならまあよいだろうと、清韓の宗属《そうぞく》関係に変化がないならよい、という条件で合意し、ここで英国の調停が始まった。

日本は、第三国の干渉は排除するという基本方針はあるものの、朝鮮の内政改革を認める案を出されては無碍《むげ》に断ることもできないため、英国の調停を受け、在北京の小村寿太郎・臨時代理公使を総理衙門に接触させた。

しかし、七月九日、小村公使が総理衙門に行ってみると、清国側は、「日本がその軍隊を朝鮮より撤去するの後に非ざれば何らの提議をなす能《あた》わず」（まず日本が朝鮮から撤退するのでなければ、解決案の提案もできない）の一点張りである。小村は、これ以上議論の意味もないと考えて引き揚げ、帰りにオコナー公使に会って話が違うではないかと抗議した。

そこで十二日に、オコナーは総理衙門を訪れる。すると、清国側は前言を翻《ひるがえ》し、「まず撤兵したうえで協議する」という条件だけはここで明言できるが、その他の条件は、その場その場で諾否《だくひ》を決めるという態度まで後退して、そこから一歩も出なかった。

王芸生は、「この一場の会談を見るだけで、総理衙門がいかに外交に通じなかったかがわかる。せっかく好意の調停を始めた英国公使を全く失望させ、ますます日本に口実を与えた」と慨嘆している。

陸奥は、ロシアの干渉が成功することに期待して、英国の調停の試みを挫折させた清国の態度を以下のように記している。

総理衙門王大臣らが一時英国公使の説を容《い》れたる如《ごと》き仮面を掩《おお》い別に窃《ひそ》かに待つ所ありしはまたやむをえざることとなるべし。元来清国政府は始めより外交上必須《ひっす》の信義を守ることを知らず、自家焦眉《じかしょうび》の急を救うに切なるがため、あたかも一女《いちじょ》に向かい二婿《にせい》を贅招《ぜいしょう》する如き拙劣《せつれつ》なる外交手段を執《と》り、終《つい》に自ら孑々《けつけつ》孤立の境界に陥《おちい》るを悟らざりしは、他の碌々凡庸《ろくろくぼんよう》の流《りゅう》輩《はい》は姑《しばら》く問わず、経験あり識量ありと称せらるる李鴻章にしてなおこれを免《まぬか》れざりしは、惜《お》しむに余りあることなり。

【口語訳】

総理衙門が、一時は、英国公使の説を容れたような仮面をかぶりながら、別に、ひそかに（ロシアの干渉に）期待するところがあったのだろう。清国政府は初めから、外交上必須である信義を守ることを知らず、自国の焦眉の急の状況から脱するために、娘一人に婿を二人招くような拙劣なことをして、ついに、自ら孤立することを悟らなかった。凡庸な連中は別として、経験も識量もあるといわ

れる李鴻章でも、なおこのようなことをするとは、残念なことだ。

実は、これは当時の清国政府内の事情も絡んでいて、総理衙門と李鴻章の二重外交の失敗でもあった。

陸奥は、この機会をとらえて、英国の仲裁は失敗したとして、小村を通して清国政府に**「将来不測《ふそく》の変生ずるあるも、日本政府はその責に任ぜざるべし」（今後、不測の事態が生じても、その責任は清国側にある）**と、いわゆる第二次絶交書を発出した。

その後も、英国は諦《あきら》めず、新提案を陸奥に示すが、戦争を決意している陸奥は、事情が変わったとして、より強硬な対案を出して、今度は日本が英国を失望させた。

七月二十三日、もはや戦争は不可避と悟《さと》った英国は、「今後、日清開戦があっても、上海は英国の利益の中心なので、上海およびその近辺では戦闘はしないよう約束してほしい」と申し入れてきた。

これで勝負がついた。英国は上海付近の平穏《へいおん》が保たれれば、戦争はやむなし、ということであり、ロシア政府が「不測の大志を抱き居る如く見ゆるものに比すれば」（将来、朝鮮や満洲の占領を狙っているのに比べれば）英国の要求は許容範囲内であり、日本もこれを了解して、英国の干渉を凌《しの》いだ。

七月二十三日といえば、まさに京城では、日本軍が王宮を占領し、大院君《たいいんくん》の担ぎ出しに成功した日であり、その日をもって、開戦へのすべての障害は除去されたことになる。

陸奥の指揮下、日本外交が早目早目に措置をしてきたことの積み重ねが、ここに実を結んで、日本は国際関係では後顧《こうこ》の憂《うれ》いがない状態で戦争に突入することになる。

十一　アメリカの忠告
――知米派かつ、親米派の陸奥

これは必ずしも日清開戦の過程に影響は与えていないが、アメリカからの干渉に対する陸奥の態度を付け加えたい。

アメリカが積極的に口を出すにいたったのは、朝鮮の宮廷がアメリカの在韓公使に直接、訴えたためである。

アメリカは、七月九日に、日本に対して厳重な警告を発している。その要旨を、『蹇蹇録』では以下のように、記している。

朝鮮の変乱已《すで》に鎮定したるにかかわらず、日本政府が清国と均しくその軍隊を該国より撤回することを拒み、かつ該国の内政に対し急激の改革を

施さんとするは米国政府の深く遺憾とする所なり。……もし日本にして無名《むめい》の師《し》を興《おこ》し微弱《びじゃく》にして防御《ぼうぎょ》に堪《た》えざる隣国を兵火の修羅場《しゅらば》たらしむるに至らば、合衆国の大統領は痛く惋惜《わんせき》すべし。

【口語訳】

朝鮮の変乱がすでに鎮定したにもかかわらず、日本が清国との同時撤兵を拒み、かつ、朝鮮内政に急激な改革をしようとすることは、米国政府が深く遺憾とするところである。……もし、日本が、大義名分のない戦いを起こし、弱小で自らを守る方法もない隣国に災害をもたらすことになれば、アメリカ大統領は、いたく失望するであろう。

日本は、アメリカとの信頼関係はとくに大事にしていて、それまでも陸奥、小村を通じて、日本の立場をアメリカによく説明していた。駐日ダン公使も、よく日本の事情に通じていたようだが、朝鮮問題の権威である田保橋潔《たぼはしきよし》氏によると、当時、アメリカ政府は在外公館の電信費を大幅に削減したために、ダン公使の本国への報告も極端に短く、電文の言わんとするところが伝わっていなかったという。

最近電子メールが発達する前は、電信費の節約は、外交にとって恒常的な問題であった。第二次大戦後でも、筆者が外務省に入省したころは、いかに短い文章で委曲《いきょく》を尽くすかの訓練をまず受けたものである。

そうした事情があったが、国際政治に道徳論、筋論《すじろん》を振り回すアメリカ外交の伝統からみれば、しかもロシアやイギリスとは違って、全く利害関係から離れて客観的に見れば、どうも日本が無理をして戦争を起こそうとしていることは、常識的な判断であったろうと思う。

これに対して、日本が内政改革案を出したのならば、それを基礎に調停案を作るのが英国の現実主義である。後年、日本が満洲に進出しても、日本人が血を流した土地としての経緯を考えて収拾するのも一案というのが英国の現実主義であり、わざわざスティムソン宣言まで発して、満洲の既成事実は一切認めないというのがアメリカの原則主義である。
他面、アメリカの原則宣言は、実行を伴わない、言いっぱなしであることが多い。この場合も、アメリカは、本件紛争については厳正《げんせい》中立であり、日本に対するものは、友好的忠告以上のものでないという立場を堅持している。ということは、何も措置はとらないと初めから宣言しているわけである。

こうしたアメリカの本質を知っている点では、当時、陸奥にまさる人はいない。陸奥は、米国政府は日本に対して最も友誼《ゆうぎ》が厚く、好意を抱いてくれている国であり、極東で起きた事件に口をさしはさむことは好まない、とみていた。

『蹇蹇録』でも、「**畢竟《ひっきょう》人間普通の恒心《こうしん》なる平和の希望と朝鮮の懇請《こんせい》を拒みがたかりしとの外、何らの意思を有せざるものたるは明白なり**」（つまるところ、アメリカの警告は、人類の共通の願いである平和への願望と、朝鮮から頼まれて断れなかったことのほか、何ら他意がないことは明らかである）と判断している。

そこでアメリカ・ダン公使には、委曲を尽くして日本の立場を説明して本国に報告させることで、アメリカの干渉にはけりをつけている。

陸奥は、アメリカの国柄としての善意に強い信頼を置いていた。そして、やがて日清戦争終局時の和平に際しても、他のどの国にも優先してアメリカの仲介を受け容れるのである。

これは、陸奥が、若き折、獄中で世界史を読んで詠じた詩の中にすでに表れている。

中外六大州《ちゅうがいろくたいしゅう》の治乱《ちらん》
上下三千年の興亡
茫々《ぼうぼう》　宇内《うだい》に義闘《ぎとう》なし
強食弱肉　屠場《とじょう》に似たり
読み来りて　瑞《ずい》気眼底を萬《みた》すは
一篇　米国独立の章

世界の歴史を読んでみると、弱肉強食の争いばかりであり、その間、正義の戦いなどというものは存在していない。しかし、そうした歴史を読んで来て、はじめて感動を覚えたのは、ただ一つ、米国独立戦争の章であると言っているのである。

陸奥は、知米派であり親米派であった。

第三章　開国以来の悲願成る

数々の障碍を乗り越えて、
不平等条約を改正へ導く

明治の開国以来、不平等条約の改正は官民挙げての悲願だった。
それが伊藤・陸奥のもとで、日清開戦前夜、達成される。

十二　清廷の内紛
――李鴻章の苦境

ここで陸奥は、日清戦争時、外交における彼の好敵手《こうてきしゅ》・李鴻章の人物月旦《げったん》を試みる。

ここに単簡《たんかん》に彼が品質に対し注解《ちゅうかい》を下せば、彼は豪胆逸才《ごうたんいっさい》、非情の決断力を有すといわんよりは、むしろ怜悧《れいり》にして奇智《きち》あり、妙に事機《じき》の利害得失《りがいとくしつ》を視《み》て用捨《ようしゃ》、行蔵《こうぞう》するの才気ありというの適当なるに若《し》かず。但し彼が平素外間の他人に接するや、他の一般清国人が何事にも区々たる虚儀《きょぎ》に拘《こだわ》り左顧右眄《さこうべん》するに似ず、常に放逸不羈《ほういつふき》、無頓着《むとんちゃく》にその言わんと欲する所を言い、その往《ゆ》かんと欲する所に往くが如き風采《ふうさい》あるを以て、欧米外国人の中には彼を目して世界稀有《けう》の一大人物なりと過賛《かさん》するものあるに至りたり。

李鴻章（写真提供：共同通信社）

【口語訳】

簡単に、李鴻章の人となりについて述べてみれば、彼は肝《きも》が据《す》わった逸材で情に左右されない決断力があるというよりは、むしろ利口で奇抜で知恵に富み、その時々の利害得失を考えて判断し、行動するというのが、妥当な判断である。彼は、平素、外国人に接する時、一般的に清国人が何事にも細々《こまごま》とうわべだけの儀式にこだわって、周囲をうかがって決断しないようなことはない。いつも勝手気ままに、縛《しば》られることはなく、無頓着に言いたいことを言い、行きつくところまで行くような雰囲気だったので、欧米外国人の中には、彼が世界でもまれにみる大人物だと褒《ほ》めすぎる向きもあった。

一見、豪放磊落《ごうほうらいらく》で大人物のようでいて、実は気が小さく計算高い人物は、間々、世間に居るものである。陸奥は、李鴻章を早くから、その種の人物として見抜いていた。日清戦争の間の折衝を通じて、李鴻章がしばしば、大胆な決断ができず、知略と小細工を弄して事態を取り繕おうとしたために、陸奥の決断力の前には後手後手に回って、ついに大清帝国の舵《かじ》取りを誤ったのも、やむを得ないことであった。

陸奥の観察眼の犀利《さいり》さには、改めて感嘆を禁じえない。一方で、李鴻章に同情すべき点があるとすれば、それは清廷内の李鴻章一派への嫉視《しっし》と内紛《ないふん》だった。

各省に割拠《かっきょ》する宿将、老臣は、常に彼の勢力の旺盛《おうせい》なるを嫉悪《しつあく》し、彼が俄《にわか》に新進少年を登庸《とうよう》し欧風新式の事業を企図《きと》するを見てこれを喜ばず、特に北京政府中にありて今帝の信任浅からずという翁同龢《おうどうわ》、李鴻藻《りこうそう》一味の頑固保守党は常に彼を軽侮《けいぶ》しまた敵視したり。

【口語訳】

各省に割拠する多年の経験を積んだ大将や役人たちは、李鴻章の勢力が盛んなのをひどく嫌って、かれが新進気鋭の若者を登用して欧風の新しい事業を計画しているのに賛同しなかった。とくに北京政府の中で、帝の信任が篤いといわれる翁同龢や李鴻藻ら頑固保守党は常に彼を軽侮し、敵視した。

東学党の乱で、朝鮮国王から援軍を求められた李鴻章が、直ちに配下の軍隊を派遣したのは宿老達も承認したが、日本に機先を制せられて状況が暗転して、李鴻章が追加の増兵を主張すると、たまたま英国公使が自制を求めたこともあり、政敵や非戦論者から、彼を非難する声が非常に強くなった。

その理由は、

――（第一）篤《とく》と熟議《じゅくぎ》をも尽くさずして日本の提案（共同委員の提案を指す）

を無碍《むげ》に拒絶したる事、(第二)旧交ある日本との関係事件を擅《ほしいまま》に先ず露国公使と謀議《ぼうぎ》せし事、(第三)本年は皇太后還暦大典《かんれきたいてん》の時に方《あた》り不祥なる戦争を惹き起さんとしたる事等を以て彼を罪《つみ》せんとせり。

【口語訳】

よく考えもせずに日本の提案(互いに共同委員を出そうという提案)をあっさり拒絶したことや、古くから付き合いのある日本に関わることを、ロシアの公使とまず勝手に謀議したこと、そして、皇太后の還暦の祝賀式典の年であるにもかかわらず、不吉な戦争を起こそうとしたこと、などをもって彼に罪を着せようとした。

これを陸奥は、「此《こ》の如き罪名は衛侯《えいこう》が彌子瑕《びしか》の桃を咎《とが》めたる類《たぐい》にして、実に前後矛盾、捧腹《ほうふく》に耐えざる次第」(このような罪は、かつて彌子瑕が、桃を食べて甘かったので、半分食べていた桃を衛侯に差し上げた。衛侯は大いにその忠誠を褒めたが、そののち、侯の寵愛が去るや、かつてこの私に食べかけの桃を食べさせたとして罪にした故事《こじ》のようなもので、それが前後矛盾撞着している点は、おかしくて腹を抱えて笑い転げざるを得ない）と評している。

こうした清廷の内紛で混乱するなか、日清間の戦端《せんたん》は開かれようとしていた。そういう情勢の中で李鴻章の責任追及に明け暮れる清国政府に、陸奥は呆れ果て、そして李鴻章に同情している。

倘《も》し清廷が速やかに李鴻章の建議を容《い》れその軍兵増発の計を実行せしめたらんには、高陞《こうしょう》号の奇禍《きか》も逃れ得たるべく、また牙山《がざん》、成歓《せいかん》における葉、聶《じょう》二将は開戦の時なお優勢なる兵力を有し得たりしならん。李鴻章は清国において今回の朝鮮問題より日清の紛議《ふんぎ》を惹起《じゃっき》したる張本人なり、主謀者《しゅぼうしゃ》なり。その功罪共に彼が一身に帰すべきは固《もと》より論なし。しかれども今や事局の進行中特に国運の死活まさに眼前に迫らんとするの

際、北京政府は徒《いたずら》に党争を逞《たくま》しくし、この児戯《じぎ》的譴責《けんせき》を加え、彼をしてその計略《けいりゃく》を十分に断行し得ざらしむるのみならず、併《あわ》せてその責任をも免《まぬか》れしめんとするに至りたるは、李鴻章の不幸に論なく、清国政府は自らその国家を殺すものというべし。

かく北京政府と李鴻章との鬩争《げきそう》を継続する間に朝鮮においては事局既《すで》に切迫し、牙山、豊島《ほうとう》の海陸戦闘は起り、日清両国は宣戦《せんせん》の詔勅《しょうちょく》を発布し、平和破れ交戦始りたり。如何《いか》に頑迷迂闊《がんめいうかつ》なる北京政府も、この際李鴻章の過失を摘発《てきはつ》して自快《じかい》とするの時機に非ざるを覚《さと》りたるか、将《は》た何人も彼に代り重責を執《と》らんとするものなかりしか、李鴻章はこの厄運《やくうん》の間においてなお自ら日清交戦の局面に立ち、日夜外交と軍事とに拮据《きっきょ》したるはその心事また憐《あわ》れむべし。

【口語訳】

もし清国政府が、速やかに李鴻章の建議を容れて、軍隊増発の計画を実行していれば、高陞号撃沈《こうしょうごう》の失敗も避けられただろうし、牙山や成歓では、葉、聶二将は、開戦の時も優勢な兵力を擁《よう》していただろう。

李鴻章は、今回の朝鮮問題や日清の紛争を引き起こした張本人であり、主謀者である。彼が、その功罪を問われなければならないのは異論のないところである。しかし、今や情勢が急展開して、清国の国運の浮沈が目前に迫っているのに、北京政府はいたずらに派閥争いにうつつを抜かし、李鴻章の責任を追及し、彼の戦略を十分に断行させなかっただけでなく、自分の責任まで逃れようとしていた。李鴻章にとって、こうした状況は不幸であり、清国政府にとってはまさに自殺行為というべきものだった。

こうして北京政府と李鴻章が争っている間に、朝鮮での事態は切迫し、牙山や豊島での戦端は開かれ、日清両国は宣戦布告をして、交戦状態に突入した。いかに頑迷で迂闊な北京政府でも、この際、李鴻章の過失を責めて溜飲を下げている時ではないことに気づいたからだろうか、それとも、李鴻章に代わって重責を担

日清戦争全般経過図

（明治27年8月1日〜28年4月17日）

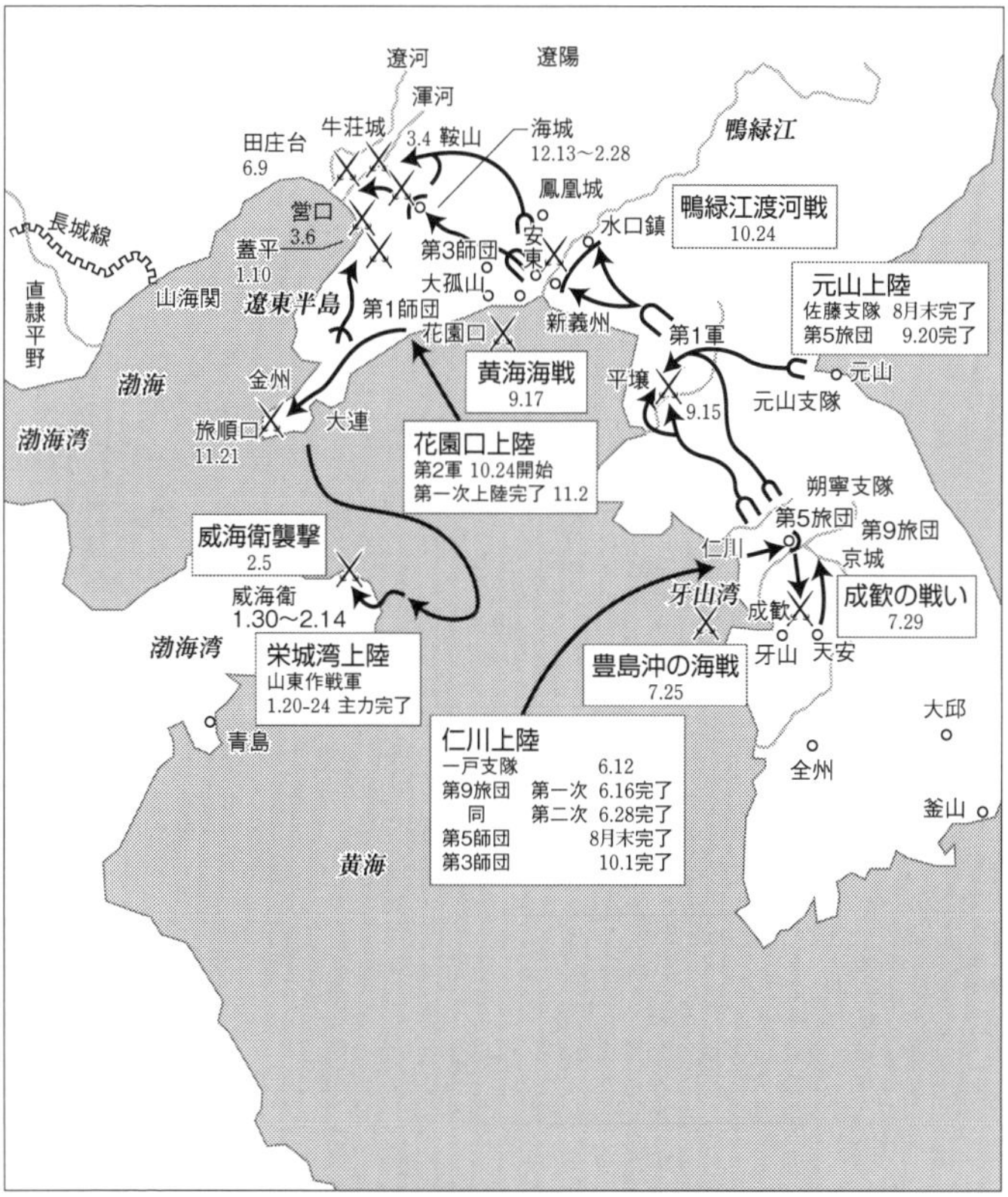

注1　上記以外に、澎湖島攻略作戦（連合艦隊、後備歩兵第一連隊で3.1−3.25）、台湾征討（近衛師団、第二師団、常備艦隊等で5.29−10月末）が実施された。

注2　『近代日本戦争史』（同台経済懇話会）より作成

おうという者は誰もいなかったからだろうか。李鴻章は、こうした逆境の中で、日清交戦の当事者として、日夜、休む間もなく外交と軍隊の指揮に当たらざるを得なかった。その心の中を考えると、憐れといわざるを得ない。

十三　不平等条約の改正

——明治維新以来のわが国の悲願

　さて、幕末の開国の際、事情を知らない日本に対して欧米諸国が日本に押し付けた不平等条約の改正は、実に開国以来、独立国・日本の最大、最重要の課題であり、国家目標であった。この正念場が、日清戦争開戦前夜に訪れる。

　不平等条約改正の目標は、治外法権の撤廃と関税自主権の回復の二つであった。治外法権は、当時未開国とされたアジアの欧米国民を本国の法の庇護の下に置く取り決めであり、当然、日本のナショナリズムが反発するところであった。

　関税自主権の否定は、当時の欧米帝国主義国の露骨な後進国政策であり、欧米は高関税で自国産品を保護する一方、日本は一律五％以上の関税をかけられない制限を課せられた。

条約改正への取り組みは、早くも、明治維新成立直後（正確には慶応《けいおう》四年＝一八六八）の一月十五日、動き始める。この時、詔勅《しょうちょく》をもって「これまで幕府が取り結んだ条約の中には、弊害《へいがい》のあるものもあるので改正したい」と声明して、各国にその意向を通告したが、相手にされなかった。

明治四年（一八七一）の岩倉使節団の外遊《がいゆう》の目的も、ただの海外視察ではなく、条約改正にあった。それは、安政《あんせい》五年（一八五八）の日米修好条約に、明治五年には条約改正の交渉ができるという規定があったからである。しかし、外遊の結果、条約改正はそんなに容易にできるものではないということが明らかになる。

明治政府が本格的に条約改正交渉に取り組むのは、寺島宗則《むねのり》外務卿《がいむきょう》の時代（明治六～十二年＝一八七三～七九）である。アメリカは初めから好意的であり、米国との間では関税自主権の交渉に成功するが、他の欧米諸国からも同様の了解をとらなければならない条項があり、実施に至らなかった。それは当然である。アメリカ向けだけ高い関税をかけられてはアメリカは損である。それでは多数国と交渉しようとしても、全部の国から同時に同じ条件を勝ちとることは容易ではない。その後も、条約改正交渉は、二国間交渉とするか多国間交渉とするかで、その間を行ったり来たりすることになる。

続く井上馨《かおる》外相は、鹿鳴館《ろくめいかん》を建てて欧化《おうか》政策をすすめ、日本は欧米並みの文明国であることを宣伝して、治外法権撤廃と関税自主権の回復を目指したが、国内のナショナリストたちの反発を買い断念する。後任の大隈《おおくま》重信外相は、治外法権撤廃の条件としての妥協案が事前に漏《も》れ、右翼・来島恒喜《くるしまつねき》が投げた爆弾で片足を失い、条約改正も挫折《ざせつ》する。いずれの場合も外国人を裁判する際に、外国人の判事を参加させるという妥協が、国辱として、国民の反発《はんぱつ》を買ったのである。

歴代の明治政府の懸案《けんあん》であった条約改正を仕上げたのは、明治二十五年（一八九二）八月に発足した陸奥を外相とする第二次伊藤内閣であった。陸奥外相が選んだのは、多数国の国際会議でもなく、譲歩しそうな国の各個撃破でもなく、世界の覇権《はけん》国であり、最大の通商国である英国との交渉による中央突破だった。そして英国との二国間交渉によって、大勢《たいせい》が決せられることになるのである。そして、治外法権は、条約発効（五年後）と同時に撤廃、関税自主権はそのまた十二年後に回復されることとなった。

したがって、日本が関税自主権を回復するのは明治四十四年の小村外相の時であり、実に明治四十五年間のほぼ全期間を要する大事業であった。

条約改正は、常に、外国との交渉と、国内の反対を抑える二正面作戦が求められた。過去の交渉は、いずれも一応、外国との交渉は妥結《だけつ》させながら、国内のナショナリスティックな反対で挫折《ざせつ》していた。

議会でも国粋《こくすい》主義者が圧倒的に多く、伊藤や陸奥ら開明《かいめい》派は少数派であった。これは、日本開国以来、明治から昭和に至るまでの日本の宿命であった。開明派は、常に少数だったが、エリートとして権力の中枢《ちゅうすう》に近かったので、政策の主導権を握ることができたのである。陸奥の条約改正案は、それ自体は、反対できるような内容はなく、反対派の主張は反対のための反対であったが、それでも議会の多数は如何《いかん》ともし難かった。

陸奥は歴史的な大演説を行い、その直後質疑も受け付けず、議会を解散して、その間に、英国と条約の締結を急ぐが、英国側はなかなか交渉に応じない。ようやく、函《はこ》館《だて》に英国船の寄港を認め、ロシアの南下に対抗することを可能にさせることにより、条約締結の最後のハードルを越える。

改選後の議会で、政府の議会対策は小康を得るが、陸奥が朝鮮半島情勢に忙殺《ぼうさつ》され、議会対策を顧みるいとまが無い中で、政府は再び議会のコントロールを失い、条約改正を目前にしながら、またも窮地《きゅうち》に陥った。

日清戦争開戦直前の政府は、背に腹は替えられず、その時はさすがに、非立憲的という批判はあったが、再度、議会を解散して、政府がフリーハンドを持つための時間を稼《かせ》ぐほかはなかった。

こうした苦心の議会対策の末に、ようやく日英条約調印にこぎつけた。明治二十七年（一八九四）七月十六日のことである。この時のことを、陸奥は感慨を込めて、『蹇蹇録』に次のように記している。

そもそも条約改正の大業《たいぎょう》は維新以来国家の宿望《しゅくぼう》に係《かかわ》り、これを完成せざる間は維新の鴻業《こうぎょう》もなお一半《いっぱん》を剰《あま》すに均《ひと》しとは久しく我が国朝野《ちょうや》帰一《きいつ》の意見たり。……倫敦《ロンドン》における条約改正の事業は百難のうち僅《わず》かに一条《いちじょう》の活路《かつろ》を開き進行する間に、今は漸《ようや》く彼岸に達すべき時節こそ到来せり。……青木公使は余に電稟《でんりん》して曰く、「本使は明日を以て新条約に調印することを得べし」と。而して余がこの電信に接したるはそもそも如何《いか》なる日ぞ。鶏林八道《けいりんはちどう》の危機まさに旦夕《たんせき》に迫り、余が大鳥公使に向かい、「余は断然たる処置を施すの必要あり。何らの口実を使用するも差支《さしつか》えなし。実際の運動を始むべし」と訣別類似《けつべつるいじ》の電訓を発したる後僅《わず》かに二日を隔《へだ》つるのみ。余がこの間の苦心惨憺《さんたん》、経営太忙《たいぼう》なりしは実に名状《めいじょう》すべからず。しかれども今この喜ぶべき佳報《かほう》に接するや、とみに余をして積日《せきじつ》の労苦《ろうく》を忘れしめたり。

【口語訳】

そもそも、条約改正の大業は、明治維新以来のわが国の願いであり、これを完成しないうちは、維新の偉大な実績もまだ完成していないというのが、わが国全体の一致した意見だった。……ロンドンにおける条約改正の事業は、多くの困難の中から僅かな活路を切り開いて進んできたもので、今、ようやく目標を達成する時を迎えていた。

青木周蔵公使は、「明日には、新条約に調印することができる」と打電してきた。私がこの電報を受け取った時は、どのような時だったか。朝鮮の危機はまさに目前に迫り、自分が大鳥駐韓公使に向かって「断固たる処置をとる必要がある。どんな口実を使っても差支えないから、行動に出てよい」と宣戦布告に近い打電をした時からわずか二日後のことだった。私がこの間、どれほど苦心惨憺しつつ舵取りに多忙を極めたかは、言葉には尽くせないほどだ。しかし、今、この嬉しい知らせに接して、これまでの長年の労苦を忘れることができた。

条約改正の調印電報を受け取ると、陸奥は直ちに斎戒沐浴《さいかいもくよく》して皇居に走り、明治天皇にその旨伏奏した。そして英国外相に謝意を伝えるよう、ロンドンに打電した。青木公使からの謝意の表明に対して、キンバレー外相は、「この条約は、日本にとっては清国の大兵を敗走させたより、はるかに大きな意義がある」と述べた。

ここに、日本は、条約の規定により、裁判管轄権および関税自主権のそれぞれについて一定期間を経過した後に、完全な自主権を回復することとなった。

その八日後、豊島沖《ほうとうおき》海戦*があり、日清戦争の幕が切って落とされることになるのである。

＊豊島沖海戦――日清戦争の嚆矢となる。一八九四年七月二十五日、日本艦隊と清国艦隊が朝鮮半島西岸豊島沖で戦った海戦で、日本艦隊が圧勝。帝国海軍第一遊撃隊（司令官・坪井航三少将）の主力は、吉野・秋津洲・浪速の三艦で、日本側の死傷者や艦船の損害なし、清国側は済遠・広乙が損傷し、死傷者千百人余に上る。

十四　旅順口虐殺事件と日米条約

——障碍を乗り越え、新条約成立へ

イギリスとの条約改正は成功したが、その後、旅順口占領に際しての虐殺報道は、米国との条約改正の上院批准《ひじゅん》の障碍《しょうがい》となる。

そもそも、アメリカは日本に対して好意的な立場をとっていた。条約改正についても、他の各国はいろいろと異議《いぎ》を唱えていた時も、米国だけは常に日本の要望をできるだけ受け容れようという姿勢を示していた。

明治二十七年（一八九四）、米国・ワシントンで、日米両国の全権委員が条約改正の会談を開始して以降も、とくに支障となることもなく、条約交渉は順調に進んでいた。そして同年十一月二十二日に日米通商条約は調印に至る。

しかし、ここに一つ、ハードルがあった。それは、米国憲法に、外国との条約は元《げん》老院《ろういん》の協賛《きょうさん》を必要とする、という一項があった。このため米国政府はこの新条約を元老院に送付する。

一方、日本は、それに先立つ八月一日、清国に宣戦布告をして戦争に突入していた。折悪しく、同条約が元老院に送付された後、日本軍による旅順口虐殺事件*というニュースが世界中を駆け巡ることになる。

『蹇蹇録』で、陸奥は、この一件での世界の新聞報道について、こう述べている。

特に米国の新聞紙中には、痛く日本軍隊の暴行を非難し、日本国は文明の皮膚を被《かぶ》り野蛮《やばん》の筋骨《きんこつ》を有する怪獣《かいじゅう》なりといい、また日本は今や文明の仮面を脱し野蛮の本体を露《あらわ》したりといい、暗に今回締結したる日米条約において全然治外法権を拋棄《ほうき》するを以てすこぶる危険なりとの意を諷《ふう》するに至れり。……何事にも輿論《よろん》の向背《こうはい》を視《み》て進退するに敏速なる米国の政治家は、かかる驚愕《きょうがく》すべき一報を新聞にて閲読《えつどく》し決して対岸《たいがん》の火災として坐視《ざし》する能《あた》わず、元老院はやや日米条約を協賛するに逡巡《しゅんじゅん》したり。

【口語訳】

とくに米国の新聞の中には、厳しく日本軍の暴行を非難し、日本は文明の皮をかぶってはいるが野蛮の筋骨をもった怪獣であるとか、日本は文明の仮面を外し野蛮の本体をむき出しにしたと批判し、暗に、今回、締結した日米条約で治外法権を放棄することは危険である、という意見も出て来た。……何事においても、世論の動向を観察してどう行動するか敏速に舵《かじ》を切る米国の政治家は、このような驚くべき知らせを新聞で読んで、対岸の火事のように無視はできず、元老院は日米条約に協賛するのをためらうようになった。

同年十二月十四日を以て、在米栗野公使は余に電稟して曰く、「米国国務大臣は本使に告ぐるに、もし日本兵士が旅順口にて清国人を残殺《ざんさつ》せしとの風聞《ふうぶん》真実なれば、必定元老院において至大の困難を引き起すに至るべ

＊ 旅順口虐殺事件――一八九四年十一月二十四日、日清戦争の旅順攻略の際、帝国陸軍が旅順市民も虐殺したとされる事件。

し」と。

余は直ちに同公使に電訓し、「旅順口の一件は風説ほどに夸大《こだい》ならずといえども、多少無益《むえき》の殺戮《さつりく》ありしならん。しかれども帝国の兵士が他の所においての挙動《きょどう》は到る処常に称誉《しょうよ》を博したり。今回の事は何か憤激《ふんげき》を起すべき原因ありしことならんと信ず。被殺《ひさつ》者の多数は無辜《むこ》の平民に非ずして清兵の軍服を脱したるものなりという。かかる出来事より更に許多《あまた》の流説《るせつ》を傍生《ぼうしょう》せざる内に貴官は敏捷《びんしょう》の手段を執《と》り、一日も早く新条約が元老院を経過するよう尽力《じんりょく》すべし」といい送りたり。

【口語訳】

明治二十七年十二月十四日に、在米栗野公使から受け取った電報には、「米国国務大臣は私に対して、もし日本兵が旅順口で清国人を惨殺したという噂が真実であれば、元老院において大変な困難を引き起こすことになるだろう」とあった。

そこで私は、直ちに栗野公使に打電した。「旅順口の一件は、風説ほど誇大でないにしても、多少、必要のない殺傷があったかもしれない。しかし、わが国の兵士の他の所での行動は、いたるところで常に称賛を得ている。今回のことには、何か感情的な原因があったのであろうと思う。日本兵に殺されたものの大多数は、罪のない一般人ではなく清兵が軍服を脱いで行動していたものだという。このような出来事によって、さらに多くの噂が立たないうちに、あなたは敏捷にしかるべき手を打って、一日も早く新条約が元老院を通過するように尽力しなさい」といい送った。

日本兵が清の便衣隊《べんいたい》を殺害するきっかけは、在留邦人の切断された死体が発見されたことだったようで、これは後の済南《さいなん》事件、通州から南京に至る事件と一致する様相を呈していた。

南京事件の際も、日本政府は、国際世論に対して、陸奥のように積極的にアピールするマスコミ対策をすべきであったのであろう。

この虐殺事件の報道で、米国元老院は、なかなか新条約を批准せず、あらたに修正を加えてきた。しかし、この修正は、条約全体に対する影響が大きかったために、陸奥は栗野公使にさらに米側と折衝を重ねるように指示し、翌二十八年二月に元老院が再議して、ようやく日米双方が納得できる再修正を加えたのち議決され、日米新条約が成立するに至ったのである。

明治の一大宿願である条約改正は、戦争の影響を受けながらも、当事者の苦心惨憺《さんたん》の末に、改正に漕ぎつけることができた。

第四章　日本、破竹の快進撃

日本を取り巻く情勢の変化に
注意を怠らない陸奥の透徹した観察

遺恨十年、粒々辛苦の末、
日本は豊島沖で清国軍艦を撃破する。
輝ける大日本帝国時代の幕開けだった。

十五　日清開戦前夜の駐韓公使とのやりとり

――陸奥・大鳥・岡本の信頼関係

大鳥圭介・在朝鮮公使は、従来、「この難局に当るを以て、ともかくも宗属《そうぞく》問題に藉《か》り破綻《はたん》を促すの外、他策なしと荐《しきり》に主張したり」（日本が派遣した大軍が朝鮮で立ち枯れになる難局に直面して、なんとかして、清との宗属問題にかこつけて、衝突を起こさせる以外に方策はない、と頻りに主張してきた）。

これに対して、陸奥は、諸外国の反応と閣内の慎重論を考慮して、大鳥公使に対して「貴官は自ら相当と認むる手段を執《と》らるべし。しかしながら兼て電訓し置きたる通り、他の外国との紛擾《ふんじょう》を生ぜざるよう十分注意すべし。我が軍隊を以て王宮および漢城を囲むは得策《とくさく》に非ずと思考するが故に、これを決行せざることを望む」（明治二十七年七月十九日付）と、他国との摩擦を生じないように、そして王宮や漢城を日本軍が取り囲むような軍事的手段は得策ではないので、極力、穏健な行動をとるように訓電した。

しかし、事態は、こうした訓令に従って強硬手段を差し控えることが不可能なほど切迫していた。そこで、大鳥公使は「何らの口実を使用するも差支えなし」（同月十二日付）という、前に陸奥から受け取った公電をよりどころにして、自らの所信を実行に移した。

あたかも余が電訓を発したると同日（即ち七月十九日）を以て、大鳥公使は既に朝鮮政府に対し、「保護属邦《ぞくほう》」の名を以て清軍が永く朝鮮国内に駐在するは朝鮮の独立を侵害するものなれば、速やかにこれを国外に駆逐《くちく》すべしと要求し、……その末文中に、もし朝鮮政府が該期限に至りなお満足なる回答をなさざれば、本使は大いに同政府に迫りこの機会に乗じて大改革を行わしむるつもりなりと附言《ふげん》したり。

七月二十三日午前の来電には、朝鮮政府は竟《つい》に我が要求に対し甚だ不満足なる回答をなしたり、よってやむをえず断然王宮を囲むの強手処分を施したりといい、また同日午後の来電には、日韓両兵の争闘は凡《およ》そ十五分間にして終了し、今は総て静謐《せいひつ》に帰したり、本使は直ちに王宮に趨《おもむ》きたるとき、大院君《たいいんくん》自ら本使を迎え、国王より総て国政および改革の事業を挙げて専任せられたる旨を述べ、爾後《じご》万事本使と協議すべしと約したり、という如き電報は続々来り、余が十九日に発したる電訓は果して十日の菊となれり。

而してその後、数日ならず大鳥公使および大島旅団長より各々その筋に向かい牙山、成歓《せいかん》の戦捷《せんしょう》を電報し来りたるに由り、今は大鳥公使が使用したる高手的外交手段もその実効を奏し、牙山戦捷の結果は京城近傍《きんぼう》には最早一個の清兵を見ず、朝鮮政府は全然我が帝国手中の物となりたりとの快報一時に我が国内に伝播《でんぱ》し、また彼の欧米各国政府も、日清の交戦実存の今日となりては容易に容喙《ようかい》干渉すべき余地なく……姑《しばら》く愁眉《しゅうび》を開きたり。

【口語訳】

ちょうど、穏健な行動を電報で指令したその十九日に、大鳥公使はすでに朝鮮政府に対して「属邦保護の名目で清軍が長期間、朝鮮国内に駐在するのは朝鮮の独立を損なうものなので、速やかにこれを国外に駆逐するように」と要求していた。さらにそれを報告した電報の文末には、「もし朝鮮政府が満足する回答をよこさない場合は、本使がこの機会に朝鮮政府に対して大改革を行う」と書いてきた。

そして、七月二十三日午前の電報では、「朝鮮政府からの回答は、日本側の要求を容れないものだったので、日本軍は王宮を包囲して強硬手段に出た」とあり、午後の電報では、「日韓の兵士の小競合《こぜりあ》いは十五分ほどで終息し、今は静まり返っている。私が王宮に出向くと、大院君自らが迎えに出て、国王から国政を任されたと言い、国政などの改革は今後すべて日本に相談すると約束した」と打電してきた。こうして十九日の私の電報は、意味がなくなってしまった。

こうしてその後、数日のうちに、大鳥公使や大島旅団長から、牙山や成歓での戦勝の報告が入った。結局、大鳥公使がとった強硬手段も功を奏したといえる。牙山の戦いが勝ったために、京城付近ではもはや清国兵は一人もいなくなり、朝鮮政府は日本の支配下に入ったという知らせは国中に伝わり、欧米各国政府も日清間の戦争が始まってからは干渉する余地がなくなり、しばらく安心して過ごすことができた。

『蹇蹇録』には記述は無いが、その背後には、一代の壮士・岡本柳之介の活躍があった。岡本は明治維新早々、薩長藩閥のえこひいき人事に反発した陸奥が、和歌山にプロシア的軍事国家を建設した時の和歌山軍の連隊長であり、明治十一年の陸奥の収獄に際しては部下を指揮していわゆる竹橋事件*を起こし、その罪で、一切の公職から追放の処分を受けて、以後は全くの個人として国事に奔走していた。

＊竹橋事件——一八七八年八月二十三日、竹橋付近に駐屯していた帝国陸軍の近衛兵部隊二百六十人が起こした武力反乱事件。週番士官・深沢巳吉大尉らを殺害し、大隈重信大蔵卿邸に砲撃を加えた。

金玉均の上海行きには反対し、暗殺の報を聞いて、時すでに遅きには失したが、遺体引き取りに上海に赴いたのも彼であった。陸奥は、大鳥公使の赴任に際して、岡本に「万事老兄の働きに依頼する」と書き送ってあった。

大鳥公使は、武力で介入して朝鮮に親日政府を作ろうとしたが、朝鮮には最早《もはや》、昔の独立派の流れを汲む親日派もなく、現政権に代わって朝鮮政府を代表できる人物としては、当時権力から疎外されていた大院君しかなかった。その大院君を二十二日の晩から二十三日の明け方にかけて、説得したのが岡本である。そして、なかなか説得を受け入れないので様子を見に行った杉村に対して、大院君をして、「この男は英豪の士だ。自分が出馬しなければ切腹すると言っている」と言わしめて、遂に出馬を受諾させ、二十三日のクーデターの下準備をしたのは岡本の働きであった。

これも、すべて間一髪のタイミングで行われた。

陸奥と大鳥の間の阿吽《あうん》の呼吸、そして明治維新以来の陸奥と岡本の信頼関係があって、やっと間に合ったのである。

十六　豊島沖海戦

――粒々辛苦の末、日本が仕掛けた戦闘

陸奥が斎戒沐浴《さいかいもくよく》して、条約改正の成功を天皇陛下に報告してから、わずか八日後の明治二十七年（一八九四）七月二十五日には豊島沖《ほうとうおき》海戦が行われて、日清戦争の幕が切って落とされた。

それは、ただ日清戦争の幕開けというだけでなく、その後、大東亜《だいとうあ》戦争の敗戦まで、半世紀の間続く大日本帝国時代の幕開けでもあった。

豊島沖海戦について、まず戦後、復刻《ふっこく》・要約された『日本の戦史　日清戦争』の記述を要約してみる。

明治二十七年七月二十五日早朝、連合艦隊《かんたい》第一遊撃《ゆうげき》隊の吉野、秋津洲《あきつしま》、浪速《なにわ》は、朝

日清の建艦比（黄海海戦参加艦艇）

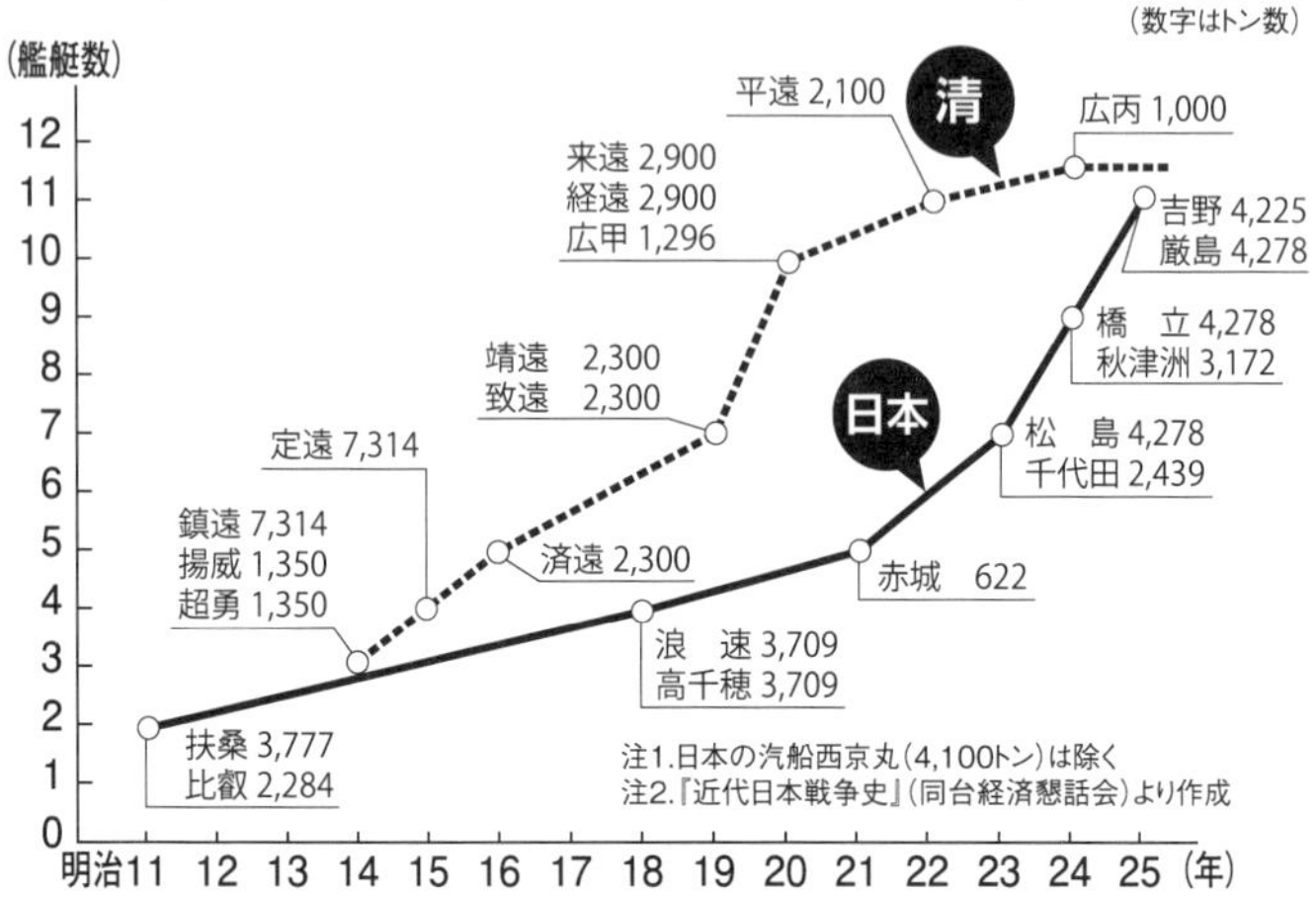

注1.日本の汽船西京丸（4,100トン）は除く
注2.『近代日本戦争史』（同台経済懇話会）より作成

鮮西海岸の豊島沖で、清国軍艦済遠《さいえん》、広乙《こうおつ》と遭遇《そうぐう》した。日本側は、万一の場合に備えて戦闘準備を命じつつも、まだ平時なので海軍の礼式に従って清国軍艦とすれ違うつもりでいた。

しかし、三千メートルの距離で、突如、済遠が吉野に向けて発砲した。日本艦隊は直ちに応戦し、激しい砲撃戦が始まったが、艦の煤煙《ばいえん》と大砲の硝煙《しょうえん》が朝霧《あさぎり》と一緒になって、何も見えなくなってしまった。

ようやく霧が晴れていくと、広乙はすでに戦闘能力を失って徐行し、済遠は逃走中で、浪速が済遠を追っていくと、済遠は白旗と日章旗《にっしょうき》を掲げて降伏の意を表した。

このような白々しい記述では、この海戦の実態は把握できない。

この海戦こそは、同年春、朝鮮に東学党の乱が起こり、六月初めに鎮圧《ちんあつ》のために清国が朝鮮に出兵を決定して以来、日本外交と戦略が、幾度か、剣《つるぎ》の刃渡《はわた》りのような間一髪の危機を乗り越えながら、苦心惨憺《さんたん》して、やっと開戦にまでこぎつけたその結果である。その背後には、壬午《じんご》・甲申《こうしん》事変以来、遺恨《いこん》十年一剣を磨いてきた日本の対韓政策があった。

はっきり言えば、日清戦争は、清国の朝鮮出兵の機を捉《とら》えて、日本が粒々辛苦《りゅうりゅうしんく》して仕掛けた戦闘であり、豊島沖海戦は日本側の攻撃で始まった戦争である。

戦後の平和主義の史観から言えば、全部日本が仕掛けた戦争であり、日本が悪いということになる。しかし、当時は帝国主義時代である。現に日清戦争の前駆である壬午、甲申の変では、中国側が仕掛けて、日本は戦争しようにも実力が無く涙を呑んでいる。どちらが先に第一発を撃ったかということは形式に過ぎない。

ただ、それまでの経緯を捨象《しゃしょう》して、戦争開始の時期だけを捉えれば、一八九四年の日清開戦は、すべて日本側が仕組み、最初の一発も日本側が撃った戦争である。それは、それに至る壬午・甲申の変からの経緯を考えれば、十分理解できる。

ちなみに、一九三七年の日支事変はすべて中国側が仕組み、最初の一発も中国側が撃ち、その後事変を限定しようとする日本を、事々に挑発して拡大させたのも中国側である。しかし、満洲事変、ついで北支工作という屈辱的な歴史を考えれば、当時、国力と軍事力に相当な自信をつけた中国国民党政府が、日本への挑戦の機と考えたのも無理のない情勢だった。歴史を、どこか特定の時点で押さえて、その善悪是非を論じることは、特定の政治的目的がある場合以外は無意味である。

外務大臣・陸奥も、海軍大臣・西郷従道《つぐみち》も、連合艦隊司令長官・伊東祐亨《すけゆき》も、浪速《なにわ》艦長・東郷平八郎も、この海戦の意義を知りぬいたうえで始めた海戦だった。だからこそ、歴史として、また戦史として深みがあって面白いのである。

この点に関して、私は、田保橋《たぼはし》潔《きよし》先生の『近代日鮮関係の研究』を読んで感嘆した。昭和十五年という軍国主義真っただ中の著作であるにもかかわらず、どちらが先に発砲したかについて、「彼我《ひが》の主張は相反《あいはん》するが、戦略上よりみれば、容易にその実相を判断し得られる」と述べて、日本側から発砲したという前提で豊島沖海戦の経過を描写している。

田保橋先生が、自らの良心に忠実たらんとするために、軍部を怒らせる危険を冒《おか》して、あえて真実に徹した発言を行ったことに心からの敬意を表するものである。

さて、海軍の動きをみると、七月二十日に樺山資紀《かばやますけのり》軍令部長は東京を発ち、二十二日に佐世保に到着して、海軍の出動命令を伝達している。その命令には、清国がさらに派兵をするならば、それは日本に対して敵意を表したものと認め、「故《ゆえ》ニ我艦《わがかん》ハ直《ただ》チニ清国艦隊及ビ送船ヲ破砕《はさい》スベシ」とあった。そして伊東祐亨連合艦隊司令長官は、連合艦隊を率いて二十三日に朝鮮西海岸を目指して出港し、第一遊撃《ゆうげき》隊は二十五日早暁《そうぎょう》から豊島近くに艦隊を展開していた。

『蹇蹇録』では、開戦前夜の七月十九日以降のことを、以下のように記している。

初め我が政府が東京駐劄《ちゅうさつ》英国公使を経て清国に対し我が最終的照会を発し、五日を限り回答を要求し、かつもしその間清国より朝鮮へ兵隊を増派するの挙あらば、日本政府は直ちにこれを脅嚇《きょうかく》的運動と認むべしとの事を断言したるの当時において、西郷海軍大臣は余に向かい、もし日本艦隊がこの最終的期限後に清国艦隊に出会うか、または清国が更に軍隊増派の事実あらば直ちに戦端《せんたん》を開くも外交上何らの故障なきやと問いたることあり。余は外交上の順序としては何らの差支《さしつか》えなしと答えたり。

【口語訳】

まず日本政府は、東京駐在の英国公使を通して清国に五日間を限度とする最後通牒を発した。もしその間に、清国から朝鮮へ兵隊を増派するようなことがあれば、日本政府はただちにこれを威嚇行為とみなすとはっきり通告した。

西郷海軍大臣は私に、「もし日本艦隊が五日経った後で（その間、清国側の回答がなく）日本艦隊が清国艦隊に遭遇するか、または清国がさらに軍隊を増派してくれば、直ちに戦端を開いても、外交上、何か支障があるだろうかと尋ねてきた。私は、外交上の手順としては、一向に構わない、と答えた。

十七　高陞号《こうしょうごう》の撃沈
――東郷平八郎の戦略的思考

日本艦隊から攻撃を受けた済遠《さいえん》は、白旗と日章旗を掲げて降伏の意を表した。そこに清国兵を載《の》せた英国船・高陞《こうしょう》号が小軍艦・操江《そうこう》に護送されてくる。『日本の戦史　日清戦争』によれば、操江はすぐに降伏し、日本の浪速《なにわ》は、高陞号に停船を命じて臨検したが、それにまぎれて済遠は逃げてしまった。高陞号には浪速に随行するように命じ、英国人船長はやっと応諾《おうだく》したが、乗っている清兵は、清国の港を出た時はまだ戦争が始まっていなかったのだから、もう一度、清国の港に帰らせてくれと言ってきかない。

浪速艦長・東郷平八郎は、その間、四時間にわたって話し合いを続けたが、清国将兵は浪速の指示に従わなかったため、終《つい》に最後の警告を発して、これを撃沈《げきちん》し、船長など三名は救出した。高陞号は英国船籍ではあったものの、清国の大量の大砲・弾薬が積まれ、将兵千百人が乗り込み、朝鮮・牙山に向かう清国政府の雇船だった。

この中立国・英国の旗章を掲げた運送船を砲撃し沈没させたという知らせは、日英両国を揺るがす問題になった。英国世論、とくに新聞は、「日本海軍は大英帝国の旗《き》章《しょう》に侮辱《ぶじょく》を与えたもので、謝罪すべきだ」とか「日本の行為は開戦前の平時のもので、日本政府は沈没船の持ち主と英国国民に対して相当の賠償《ばいしょう》をすべきだ」という激しいものであった。

この英国内の情勢を見て、駐英青木公使は、英国側から損害賠償請求を受ける前に、日本側から英国を満足させるような措置を、という意見具申をしている。日本の新聞も東郷平八郎の処罰の必要を論じ、伊藤総理も西郷海相に、東郷の罷免《ひめん》を要求して英国の怒りを鎮《しず》めることを要求した。

しかし、陸奥は、事件の報告を聞くが早いか、東京駐在英国臨時代理公使を招いて、**「この悲歎すべき事件に付ては十分に顚末《てんまつ》を審査したる上、もし不幸にも帝**

国軍艦の所為その当を失したることを発見せば、帝国政府は相当の補償をなすことを怠《おこた》らざるべき旨を述べ」（この悲しむべき事件については十分に事実を調査して、もし日本の軍艦の行動に過ちがあることが分かれば、しかるべき補償をすることに吝《やぶさ》かではない旨を述べ）、あわてて措置するようなことはしなかった。

一方、英国の国際法の大家であるホランド・ウェストレイク両博士は、清国兵を送致することに関係した輸送船・高陞号に対して、「日本が行使した強制力は妥当であり、中立国の船長は放免《ほうめん》されたのだから日本に謝罪させる理由はない」として日本擁《よう》護《ご》の論陣を張った。これに対して、人身攻撃までなされるほど、英国世論は激昂《げきこう》した。

これに対して、陸奥は、以下のように記している。

さすがは国際公法学の巨擘《きょはく》なり。その論旨の公明確実なるは炳然《へいぜん》火を観《み》る如《ごと》し。而《しこう》して英国外務大臣キンバレー伯は、同船所有者たる会社に対して日本に向かい賠償を求むるの不可なるを勧告し、後には英国の輿論《よろん》も遂

にその激昂《げきこう》の度を弛《ゆる》め、一時殆《ほとん》ど日英両国の間に重大なる外交関係を起さんとしたる出来事も幸いに無事妥穏《だおん》の局を告げたり。これを要するに、豊島の海戦は交戦国たる清国に対しても、中立国たる英国に対しても、日本海軍は戦時国際公法の既定の外に逸出《いっしゅつ》したる所為《しょい》なかりしことを世界に発揚《はつよう》したるは、実に名誉というべきなり。

【口語訳】

さすがは国際公法学の泰斗《たいと》である。その理路整然とした論旨は火を見るように明らかである。この結果、英国外務大臣キンバレーは、高陞号を所有していた会社に対して、日本に賠償を請求すべきでないと勧告し、しばらくすると英国の世論も激しさが収まった。一時は日英両国間に重大な外交問題になるのではと思われた事案も、幸いにして無事鎮静《ちんせい》化させることができた。要は、豊島沖海戦は、交戦国である清に対しても、中立国である英国に対しても、日本海軍は戦時国際法からはずれた振舞いはなかったということを世界に提示したわけで、実に名誉なことである。


高陸号撃沈については、東郷平八郎の戦略的思考が大きく関与している。

この高陸号には、清兵千百人と砲十三門が搭載《とうさい》されていた。後述する成歓《せいかん》の戦いは兵力・兵器はほぼ日清互角であった。ここに高陸号の増援《ぞうえん》があれば、勝敗の行方はどうなっていたか分からなかった。すなわち高陸号の増援の有無は戦争の全局に関係するほどの重要性があったといえる。

陸奥の秘書官の中田敬義氏の回顧談によると、日本側は、清国の外交暗号を全部解読していたという。清国の増援軍の護送艦隊の動きを把握《はあく》していた連合艦隊が、策敵《さくてき》中にこれを発見して直ちに襲いかかって撃破し、まだ輸送船がいるはずだと探しているうちに、東郷平八郎の指揮する浪速が高陸号を見つけて、四時間も粘《ねば》って、手順を踏んだ上でこれを海底に葬《ほうむ》ったのである。

そもそも敵の軍艦・済遠を逃しても、高陸号を止める方に専念したのは、戦略的発想がなければできないことである。戦略目的は牙山港に向かっている清側の増援を阻《そ》止《し》することにある。連合艦隊を撃滅《げきめつ》するのは、そのための手段であって目的ではない。ゆえに、目的の方に力を集中したということである。

先の大戦では、日本側は輸送船の護送には重点を置かず、艦隊決戦を求めて敵の軍艦ばかりを追いかけたのに対して、アメリカは、護送船団を組んで輸送を守り、潜水艦を日本の輸送船撃沈に集中させた。その結果、ただでさえアメリカより乏しい日本の補給に大打撃を与え、日本の敗戦を早める最大の原因になった。東郷の戦略は、このアメリカの先駆けとなるものだったといえる。

昭和十七年八月の第一次ソロモン海戦では、日米の巡洋艦隊同士の戦いで日本は圧倒的勝利を収めた。しかし敵の艦隊が護送して来た輸送船団を攻撃しないで、みすみすガダルカナルへの大兵と補給物資の輸送を許し、後の連戦連敗の原因を作っている。東郷平八郎の戦略的発想ならば、敵の巡洋艦よりも、輸送艦隊攻撃に集中したであろう。仄聞《そくぶん》するところによれば、商人には刀を抜かないという考え方もあったという。

まさに戦略的発想の欠如としか言いようが無い。

十八　緒戦勝利を欧米はどう見たか①

——日本は列強の賞賛と嫉視の的に

もともと日本人は、封建《ほうけん》時代以来の伝統で、自分たちが、強い愛国心をもつ尚武《しょうぶ》の民だという誇りはあったが、それが実際に外国との戦闘《せんとう》で通じるものなのかどうか分からなかった。それが実際に証明されたのが日清戦争であり、成歓《せいかん》の戦いは日清戦争の初めての陸戦である。

「木口小平《きぐちこへい》は、死んでも口からラッパを放しませんでした」という愛国美談《あいこくびだん》を生んだのはこの戦闘である。

日本側は、すでに六千人以上の優勢な兵力を朝鮮に派遣してはいたが、王宮や民心の向背《こうはい》も分からない京城を空《から》にするわけにもいかず、戦線には三千名しか派遣できなかった。

一方、清国側は、聶士成《じょうしせい》が日本軍の南下を迎え撃とうとして、街道を押さえる要《よう》衝《しょう》・成歓に進出して防衛線を築き、葉志超《ようしちょう》は千名を率いて後詰《ごづめ》の形で天安《てんあん》にいたので、迎え撃つ兵力は三千名だった。したがって、成歓の戦いは、日清双方歩兵三千名、砲《ほう》八門ずつというほぼ同勢力で戦っている。

その後の戦いでは、清兵は、重なる敗戦に怖気《おじけ》づいて、ろくに本格的な抵抗らしい抵抗もしないで敗走《はいそう》を重ねるが、成歓の戦いだけは、日清戦争の初めての衝突《しょうとつ》でもあり、その十年前の甲申《こうしん》事変では、清国兵が日本兵に圧勝していることもあって、ここでは比較的まともな戦いぶりをしている。

しかし、戦闘開始前日、高陞《こうしょう》号撃沈《げきちん》の報《ほう》が伝わり、清国側に大きな心理的衝撃《しょうげき》を与えたという。

成歓の戦いに際して、清国側の戦略は、南部では陣地《じんち》を築いて防衛し、持久《じきゅう》している間に平城に集まった大軍が南下して、ソウルの日本軍を挟撃《きょうげき》することにあった。

兵力と砲は互角《ごかく》だったが、守る方は地形を利用して待ち、日本軍は行軍三昼夜で消《しょう》耗《もう》して戦場に着くというハンディキャップがあったので、持久戦《じきゅうせん》が目的ならば清国側に相当な勝算もあるケースだった。

しかも、朝鮮一般の民衆には、勝負の帰趨《きすう》も分からないのに日本側に協力する意思は皆無《かいむ》で、徴《ちょう》集《しゅう》した人夫や馬は逃亡するし、悪天候と満潮《まんちょう》が重なって、水路《すいろ》は氾濫《はんらん》し、行軍《こうぐん》困難で、日本側には溺死者《できししゃ》もでる悪条件であった。

しかし、日本軍が接近して砲火《ほうか》を集中し突撃《とつげき》すると、清国軍は敗走した。清国軍は、まだこの戦闘では士気《しき》も高く、場所によってはよく抵抗したケースもあったが、結局は何度目かの突撃に耐えきれず敗走した。敗兵は最早《もはや》、組織的抵抗は試みず、バラバラになって平壌まで逃げたので、日本軍はソウルに凱旋《がいせん》して北方に進撃することができた。

この突撃――「突貫《とっかん》」とも「吶喊《とっかん》」ともいう――戦術は、第二次世界大戦の敗戦まで、数限りない武勲《ぶくん》をたてた日本軍得意の戦術であったが、これが近代戦に最初に使われ成功したのが、成歓の戦いであった。

豊島沖《ほうとうおき》海戦、成歓の戦いの直後の明治二十七年八月一日に宣戦が布告された。その後、日本軍は九月十六日にはもう平壌を陥《おと》し、翌十七日には黄海《こうかい》海戦に勝っている。そして陸軍は、平壌から鴨緑江《おうりょくこう》を渡り、十月十六日には清国領内の九連城《くれんじょう》を占領した。

他方、黄海海戦で制海権を得た日本軍は、遼東《りょうとう》半島に兵員輸送して、十一月八日、大連湾、同月二十一日、旅順口《りょじゅんこう》を占領している。

そして、満洲を北上した第一軍は、十二月三日に海城を占領し、他方、遼東半島から山東半島に転戦した第二軍は、二月十二日に威海衛《いかいえい》の北洋水師《ほくようすいし》を降伏させた。そして、講和談判が始まってからの三月二十六日に台湾の澎湖島《ほうことう》を占領している。

こうした日本軍緒戦の勝利を、諸外国はどのように報じたのだろうか。

陸奥は、『蹇蹇録』で以下のように、緒戦勝利後の内外事情を、いきいきとした文章で説明している。

日清の交戦の初めに方り冷眼を以てこれを児戯視《じぎし》したる邦国《ほうこく》も、猝《にわか》に驚愕《きょうがく》を極め、漸《ようや》く戦捷者《せんしょうしゃ》に対し嫉妬《しっと》の念を起すに至れり。当時、在英国内

田臨時代理公使は左の如く余に電報せり。

「本官は当国上流階級の人々より我が国の戦勝に対し祝辞を受けたり……。『タイムス』は、日本の軍功は勝者たるの賞誉《しょうよ》を受くるに足る、吾《わが》輩《はい》は爾後《じご》日本国を以て東方一個の活勢力《かつせいりょく》と認めざるを得ず、いやしくも英国人にありては、彼此《ひし》の利害大いに同じくかつ早晩相密接《そうばんあいみっせつ》すべきこの新たに勃興《ぼっこう》せる島国人民に対し、毫《ごう》も嫉妬《しっと》の心を挟《はさ》むべからずといい……」

これ英国人民がさきに牙山戦争以前我が国に対し抱き居たる感情を、ここに至りて如何《いか》に豹変《ひょうへん》したるかをみるべし。

またこの頃、仏国人の感情を写したる一新聞にいう。

「花木ある家の門前は人集まりて市をなす。今や日本はその清国に向かいて得たる戦勝に比すれば、更に欧洲に対し一層偉大なる勝利を獲《え》たりというべし。今後日本は不羈《ふき》独立してそのなさんと欲する事を専行し得べし。また日本人は勝手に敵国の土地を略取《りゃくしゅ》し、またこれを蚕食《さんしょく》するを得べし。……日本人の行為に対しては、……欧洲諸強国は毫もこれに干渉するの途なかるべし」

口を極めて過賞《かしょう》する邦国ある間において、露国政府は漸くその艦隊を蘇士《スエズ》運河に由《よ》り極東の方面に回航せしむるため日夜多忙を極め居たり。真《まこと》にこれ禍福倚伏《かふくいふく》、塞翁《さいおう》の馬も啻《ただ》ならずというべし。

【口語訳】

日清戦争の初めのころは、冷ややかに軽んじていた国々も、日本の勝利に驚きやがて勝者に嫉妬心を抱くようになった。在英の内田臨時代理公使は、以下のような電報を打ってきた。

「本官は、この国の上流社会の人々から、日本の戦勝に対して称賛を受けました。『ロンドン・タイムズ』は、日本は、勝者たるの栄誉を受けるに十分な軍功を挙げた。今後、日本は極東《きょくとう》の一勢力になったと認めざるを得ず、今後、早かれ遅かれ付き合っていくことになるこの島国に対して、英国はこれを嫉視《しっし》してはならない、と書き……」

英国民が、牙山の戦い以前に懐《いだ》いていたわが国に対する感情が、ここに至って如何に豹変したかが分かる。

また、フランスの世論を描写したある新聞は、こう書いている。

「花の咲く木のある家の門前は、人が集まる。今や日本は、清国に対してよりも、一層大きな勝利をヨーロッパに対して得た。もう日本は、今後、したいことのできる独立の国である。日本は、他の強国と同じように、勝手に他国の土地を取り、蚕食してもよいのだ。……もはや欧州列強も、日本のすることに干渉はできない」

こうして、褒めすぎるくらい日本を褒めている国がある一方で、ロシア政府は、その艦隊をスエズ運河経由で極東方面に回航させるのに、日夜、多忙を極めていた。実に、禍福はあざなえる縄の如く、塞翁の馬もただならないものがあった。

日本を取り巻く情勢の変化は、まさに陸奥の描写の通りであったろう。

十九　緒戦勝利を欧米はどう見たか②
――世界が瞠目した、日本の文明度

日本の勝利に当たって、列強が瞠目《どうもく》したのは、単に日本軍の精強《せいきょう》さだけではなく、日本の文明度であった。

陸奥は、「勝者を褒《ほ》め、敗者を貶《おとし》めるのは世の常で、一喜一憂する必要はない」としながら、欧米の日本に対する文明論的な観点での変化に言及している。『蹇蹇録』から、そのくだりを引用する。

今や欧米各国は我が軍隊の戦闘に勝利を得たるを目撃せる間に、日清交戦中において我が軍隊が採用したる欧洲流の作戦の計画、運輸の方法、兵《へい》站《たん》の施設、病院および衛生の準備、特に慈恵《じけい》の目的を主とする赤十字《せきじゅうじ》社

員の進退《しんたい》等、百般《ひゃっぱん》の制度組織すこぶる整頓《せいとん》し、および各部の機関最も敏速《びんそく》に活動したるを看取《かんしゅ》し、また外交上および軍事上の行動においてその交戦国に対しならびに中立各国に対し、一も国際公法定規《じょうぎ》の外に逸出《いっしゅつ》したる事なかりしを認めたるは、実に彼らに向かい非常の感覚を与えたるが如し。

元来欧米各国は我が国比年欧洲流の軍政、軍紀《ぐんき》を採用するを見て、その中心窃《ひそ》かに日本は文明的軍隊組織を模擬《もぎ》するを得るも、果して能《よ》く実戦に臨《のぞ》み欧洲各国の軍隊における如く紀律節制《きりつせっせい》の下これを運用し得るやと疑惑したり。而《しこう》して彼らが是《かく》の如《ごと》き疑惑を抱くは特に軍事上においてのみ然《しか》るに非ず。

さきに我が国が法典を改正し裁判所構成の法を設くる時においても、彼らは新法を目して実用に堪《た》えざる空文と嘲《あざけ》り、かつ我が裁判官の能力を疑い、欧米国民をして我が国法権の下に立たしむるを危《あや》ぶみたり。これかつて条約改正の事業に対し莫大《ばくだい》の故障を起したる第一原因たりし。またその後我が国が立憲政体を創立するを見て、彼らは欧洲以外立憲政体の実在を望むべからざるが如く思惟《しい》し、当時種々聞くに耐えざる批評を下したることあり。これを約言すれば、彼らは欧洲文明の事物は全く欧洲人種の専有《せんゆう》に属し、欧洲以外の国民はその真味を咀嚼《そしゃく》する能わざるものと臆想《おくそう》したり。

然り而して今回戦勝の結果に由り、竟《つい》に彼らをして始めて耶蘇《やそ》教国以外の国土には欧洲的の文明生息する能わずとの迷夢《めいむ》を一覚せしめ、我が軍隊嚇々《かくかく》の武功を表彰《ひょうしょう》すると共に、我が国民一般が如何に欧洲的文明を採用し、これを活動せしむるの能力を有するかを発揚《はつよう》したるは、特に我が国民のために気を吐くに足るの快事《かいじ》というべし。しかれども有体《ありてい》に言えば、日本人はかつて欧洲人の過貶《かへん》したる如く、欧洲的文明を採用する能力なきに非《あら》ざりしと共に、今また彼らが過褒《かほう》する如く果してその極度に進行し得べきや、これを約言すれば日本人はある程度に欧洲的文明を採用し得るもその程度以上に進歩し能わざるや、これ将来の問題に属す。

【口語訳】

欧米各国は、わが国が清との交戦中に採用した欧州流の作戦の計画や運輸の方法、兵站の施設、病院や衛生の準備、とくに慈善を目的とした赤十字の活動など、あらゆる面において制度や組織が非常に整頓され、各機関が敏速に活動したのを見て、あるいは外交面や軍事面で交戦国や中立国に対して、国際法から逸脱することが一切なかったので、彼らはこれまでと違う印象を抱いたようだ。

そもそも欧米各国は、日本が欧州流の軍政や軍紀を採用するのを見て、内心、そうした文明的軍隊組織の真似をしてもこれを運用できるかと疑っていた。彼らの疑念は、軍事面にとどまらなかった。

さきにわが国が法律を改正し、裁判所を設置する時も、彼らはそれを運用できない空文だとして嘲笑《ちょうしょう》し、日本の裁判官の能力を疑って、日本にいる欧米人がその法律下に置かれることを心配した。これは、かつて条約改正の作業で多大な支障を来した主因だった。またその後、日本が立憲政体をスタートしたのを見て、彼らは欧州以外に立憲政体は望むべくもないと考え、さまざまに酷評《こくひょう》を下したこともあった。つまりは、彼らは欧州文明は欧州の人々だけの専有物で、それ以外の国民はその真髄《しんずい》を咀嚼することはできないと考えていた。

しかし、今回、日本の戦勝の結果、ついに彼らは、キリスト教国以外は欧州文明をもてないという妄想《もうそう》から覚めた。日本国民が、いかに欧州文明を摂取し、活用しているかを誇示《こじ》できたのは、日本人のために、大いに気を吐く快事であった。しかし、率直に言えば、日本人は、かつて欧米人が過小評価したよりは、文明を採用する能力があることを示したが、果たして、今戦勝の結果、過大評価されているほど進歩できるのだろうか。これは将来の問題に属する。

さらに、陸奥は、日本を嫉視《しっし》し警戒を強めるであろう諸外国の動きにも注意を怠っていない。

今や我が国は列国より尊敬の標幟《ひょうし》と成《な》りたると共に、嫉妬《しっと》の目的と成《な》れり。我が国の名誉《めいよ》は此《ここ》に進張《しんちょう》する間に我が国の責任は彼に増加せり。……これを調停して双方適宜《てきぎ》に歩み合いをなさしむるは決して容易の業《わざ》に非《あら》ず。何となれば当時我が国民の熱情は諸事往々主観的判断のみに出で、毫《ごう》も客観的考察を容《い》れず。唯々《ただただ》内を主として外を顧《かえり》みず、進んで止《とど》まることを知らざる形勢なりし。……

よって政府は、この国民敵愾心《てきがいしん》の旺盛《おうせい》なるに乗じ、一日も早く一歩も遠く日清の戦局を進行せしめ、一分も余計に国民の希望を満足せしめ置きたる上、更に外来の事情を酌《しゃく》量《りょう》し、将来国家の安危《あんき》に対し外交上一転の策を講ずるの外なしと思料《しりょう》せり。

その頃余が広島にある伊藤総理に与えたる私書中（十月十一日の私書なり）、「既《すで》に再び外国よりの容喙《ようかい》の端緒《たんしょ》相《あい》開け候《そうろう》上は、我が軍隊の運動最も迅速《じんそく》にして外国の干渉《かんしょう》余り面倒にならざる以前に、いずれの地方にても占領し置き候事最も必要と存じ候、御疎《おんそ》はこれあるまじきなれどもこの事最も御注意を願う」といいたるも、また幾分《いくぶん》かこの間の消息を洩《も》らしたるものなり。

【口語訳】

今や、わが国は、列国から尊敬の的になるとともに、嫉妬の対象ともなった。わが国の名誉が高くなると同時に、わが国の責任は重くなった。この両者の間をとって、歩み寄らせるのは、決して簡単なことではなかった。なぜならば、当時、わが国民の情熱は、しばしばすべて主観的判断によっていて、少しも客観的判断をいれず、ただ国内事情を主として、外部の情勢を考えず、進むことはしても止まることを知らない情勢だった。

そこで政府は、国民の敵愾心の旺盛なのに乗じて、一日も早く、一歩も遠く、戦局を進行させて、少しでも余計に国民の気持ちを満足させたうえで、国際情勢を考えて、日本に危険が迫れば、外交によって進路を一転させる策を講ずるほかはないと考えた。

私が、十月十一日、広島の伊藤総理に手紙を書き、「すでに外国の干渉の端緒が開かれた以上、外国の干渉があまり面倒にならないうちに、わが軍隊は迅速に行動して、どこの地域でも占領しておくことがもっと大事なことと思います。もう、とうにお気づきのこととは思いますが、ご注意願います」と言ったのも、この間の情勢を反映したことである。

陸奥らしい、冷静で透徹《とうてつ》した観察である。ここでも陸奥は、すでに来るべき三国干渉のようなものを予見し、外国の干渉が本格化する前に、少しでも早く、少しでも多くの戦果を挙げることの必要を説いている。

第五章　世論の高揚、とどまる所を知らず

内外の情勢を冷静に観察し、
世論に流されない伊藤と陸奥の見識

ロシアは、虎視眈々と介入のチャンスを狙っていた。
清・李鴻章は、それに進んで擦り寄り、
その後の列強による半植民地化の流れをつくる。

二十　門戸を開いて豺狼《さいろう》を迎えた清国

――ロシアに擦り寄った清国の下の下策

清国側の戦略はそもそもどういうものだったのだろうか。

李鴻章は、なぜかロシアに好意を抱き、「以露制日《いろせいじつ》」（ロシアを以て日本を制する）政策をとった。

清国にとって最も危険な国はロシア、次は日本というのは、当時、衆目の一致するところであり、李鴻章もそれは知っていたはずである。「夷《い》を以て夷を制す」も一理あろうが、日本を牽制《けんせい》するためにロシアを巻き込んで、そのつけをどう払うのか。

ロシアにはどうせ歯が立たないのだから、せめてロシアに日本を押さえさせようという考え方としても、それがどんなに恐ろしいことかは、黒竜江の北岸や沿海州を取られた経験で分かっているはずなのに、不思議である。

清国政府内にも、翰林院《かんりんいん》の文廷式《ぶんていしき》は、日清開戦直前に「ロシアは日本より恐るべき存在だ。日本が朝鮮半島で策略をめぐらし、機会があればそれに付け込もうとしているのは、ただ清国に対して優位を得ようとしているだけでなく、ロシアが朝鮮に先に手をつけるのを深く恐れているからだ。もし今、日本とだけ戦争をすると、列国は傍《そば》で見ているだけで、日本は清国から何か分捕ろうとするだろう。しかしもし、清国の政策が、朝鮮を保全してロシアの南下を防ごうということならば、イギリスやドイツは、清国の遠謀深慮《えんぼうしんりょ》を知って、極東の現状を維持することに力を尽くすであろうし、日本人も、清国がかかる大計を抱くのを知り、また陰にロシアを防ぐ利益のあることも考えて、その野望を捨てて清国と協力する戦略を考えるであろう。北洋大臣李鴻章はロシア人に頼っているという説を聞くが、ロシア人を信用してはならない」という内容を上奏している。

十九世紀末に、国際政治の本質を把握し、李鴻章の対露接近策に疑念を抱いていた秀才が清国にはいたのである。しかし、この上奏は、もとより李鴻章の支持するところとはならなかった。

『蹇蹇録』では、次のように記している。

該国《がいこく》政府は初めより欧洲強国の干渉を請求し、日清の戦局を速《すみ》やかに息《そく》止《し》せんとする計策《けいさく》を執《と》れり。平壌、黄海海戦の後は彼らはいよいよ最後まで日本と敵抗する強力なきを察知せしと見え、彼らはその戦略としてはなるたけ防守の位置を占め、その外交手段としては一層外国の干渉を誘導するを努めたり。奉天半島における陸戦には彼らは殆《ほと》んど一回も攻勢を取りたるなく、また李鴻章は水師提督丁汝昌《すいしていとくていじょしょう》に対し何らの事情あるも一切の危険を避くべしと厳戒《げんかい》し(同年八月二十一日発の上海電信に依る)、黄海海戦敗余の北洋艦隊をして威海衛《いかいえい》の要害《ようがい》に退拠《たいきょ》し再び外海に出戦せしめざりし。

また彼は総理衙門《がもん》と合同して外国代表者に縋《すが》り付き、頻《しき》りに外援を請《こ》い、かつその欧洲各国に派遣せる使臣に電訓して、直ちに各自任国の政府に対しひたすらに哀願歎訴《あいがんたんそ》せしめたり。英国政府が再び各国を聯合《れんごう》して日清両国の平和を勧告せんと企て、また露国が虎視眈々《こしたんたん》、いやしくも釁隙《きんげき》の乗ずべき事機を窺《うかが》うに汲々《きゅうきゅう》したるは正にこの時にあり。

これを要するに、日清両国の戦局の継続する間は、欧洲強国の干渉は招かれざるも早晩自ら来るべき時会ありとは、何人も予測するに難《かた》からざる事なるに、清国政府はひたすらに強国に向かい哀《あい》を乞《こ》い、憐《れん》を求め、自国の体面を汚すをも顧慮《こりょ》せず、ことさらに門戸を開き豺狼《さいろう》を迎うるが如き愚《ぐ》計《けい》に出でたるは、焦眉《しょうび》の急やむをえざりしなるべしといえども、将来もしこの東方局面をして、欧洲強国の交渉多事となるべき危勢《きせい》を促すに至らしむることありとせば、今回戦争の結果実にこれが機因《きいん》となり、而《しこう》して俑《よう》を作りしものは清国なりといわざるべからず。

【口語訳】

清国政府は、最初から欧州列強からの干渉を求め、日清の戦争を速やかに終息させようと計画をめぐらしていた。平壌や黄海海戦の後は、清は、軍事面で日本に敵対する力はないと察知して守りの姿勢をとり、外交手段としては、一層、外国の干渉を誘導するように努めた。奉天半島での陸戦では、清国軍は一度も攻勢に出ることはなく、李鴻章は海軍提督・丁汝昌に一切、危険を避けるよう厳命し、黄海海戦に敗れた北洋艦隊は威海衛の奥に引っ込んだまま出撃することはなかった。

また、李鴻章は、清国政府とともに、外国の代表者にすがりついて、しきりに助けを要請し、欧州各国に派遣した公使たちに打電して、直ちに任地の政府に対して助けを求めさせた。英国政府は、再び各国と共同で日清両国に停戦を勧告しようとし、ロシアは虎視眈々と隙あらば介入するチャンスをうかがっていた。

日清両国が戦争を継続する間は、欧州列強の干渉は、招かなくても、早晩、来るべき時には来ると誰でも予測できることだった。それを清国政府は、自分から強国に向かって憐れみを求め、自国の体面を汚すことも考えず、ことさらに門を開いて貪欲残酷な猛獣を迎えるような愚挙に出たのは、緊急事態で仕方がなかったとはいえ、将来もし、この極東方面が欧州強国の勢力争いの場となるような危

機的事態が起こるとすれば、それは今回の戦争がその発端になるものであり、清国が自ら招いたものといわざるを得ない。

ここで陸奥は、日清戦争の後に起こる、列国の租借地《そしゃくち》占拠《せんきょ》、清国の半植民地化、ロシアの満洲進出を予見《よけん》したようなことを書いている。

たしかに、清国が一貫して、「この紛争は勝っても負けても、日清両国の問題だから列国の介入はお断り」という毅然《きぜん》たる態度を取っていれば、日本はもともとそういう態度なので、列国も介入の隙がなく、少なくとも敗戦後、一挙に支那分割の瀬戸際まで行くことはなかったであろう。

いくら帝国主義時代でも、どちらの当事者からもはっきり断られている状態であえて干渉することは難しいからである。徳川幕府崩壊の際に、英仏露の介入を退けた西郷隆盛、勝海舟《かつかいしゅう》のような見識を李鴻章がもてなかったのが惜《お》しまれる。

おそらくは清国にとって上策《じょうさく》は、一切の干渉を排除して、日清だけで決着をつける覚悟を初めから固《かた》めて、日本に対抗する軍事力をきちんと整備しておくことであったろう。しかし、油断して対日戦の準備が間に合わなかったということならば、文廷式の意見に従って、英国と同盟し、独、日も巻き込んでロシアに当たるという形を作るのが最善だったたであろう。

列国の干渉を頼むのは下策、とくにロシアを引き込むのは下の下策であったはずだが、李鴻章はなぜか、この点に対する配慮をまったく欠いていた。

二十一　国内世論への対処

――世論の重要性を認めた、日本最初の政治家

ひるがえって、わが国内世論の動向はどうだったのだろうか。

顧《かえり》みて我が国内の形勢如何といえば、平壌、黄海戦勝以前において窃《ひそ》かに結局の勝敗を苦慮《くりょ》したる国民が、今は早《はや》将来の勝利に対し一点の疑いだも容《い》れず、余す所は我が旭《きょくじつ》日軍旗が何時を以て北京城門に進入すべきやとの問題のみ。ここにおいて乎《や》、一般の気象は壮心《そうしん》快意に狂躍《きょうやく》し驕肆《きょうし》高慢に流れ、国民到る処喊声凱歌《かんせいがいか》の場裡《じょうり》に乱酔したる如く、将来の欲望日々に増長し、全国民衆を挙げ、クリミヤ戦争*以前に英国人が綽号《しゃくごう》せるジンゴイズムの団体の如く、唯これ進戦せよという声の外は何人の耳にも入ら

ず。

この間もし深慮遠謀《しんりょえんぼう》の人あり、妥当中庸《だとうちゅうよう》の説を唱うれば、あたかも卑《ひ》怯未練《きょうみれん》、毫《ごう》も愛国心なき徒と目せられ、殆ど社会に歯《よわい》せられず、空しく声を飲んで蟄息《ちっそく》閉居するの外なきの勢いをなせり。……我が国民がかくまでに空望の熱度を昇騰《しょうとう》したるは、わが国古来特種の愛国心の発動せしに因《よ》るなるべし。政府は固《もと》よりこれを鼓舞作興《こぶさっこう》すべく、毫《すこし》もこれを擯斥《ひんせき》排除するの必要なし。……徒《いたずら》に愛国心に存してこれを用いるの道を精思《せいし》せざるものは、往々国家の大計と相容《あいい》れざる場合あり。

＊クリミヤ戦争――一八五三～五六年、クリミヤ半島などを舞台に行われた戦争。フランス、イギリス、オスマン帝国、サルデーニャ王国（イタリアの前身）対ロシア、ブルガリア義勇兵。同戦争の結果、後進性を露呈したロシアは、抜本的な内政改革を余儀なくされた。パリ条約締結。産業革命を経験した英仏と、産業革命を経ていないロシアの国力の差が証明された。看護婦として英国野戦病院で活躍したナイチンゲールは有名。

【口語訳】

ひるがえって、日本国内の状況はどうかといえば、平壌や黄海海戦以前は、心の中では最終的に勝敗はどうなるのか心配していた国民が、今や勝利を疑わず、あとは旭日旗がいつ北京の城門を入るのかということだけである。こうして一般国民の気持ちは驕《おご》り高ぶっていて、いたるところであたかも勝利の凱歌で乱舞しているような状況であり、今後の期待は膨らむ一方で、まるでクリミヤ戦争時に英国人が名付けたジンゴイズムの団体のように、ただつき進めという声以外は耳に入らない。

もし妥当中庸の説を唱える人があれば、未練がましい卑怯者、全く愛国心のない輩《やから》だと見られて社会的に相手にされないので、ただ黙っているほかはない。……日本国民がこれほどまでに熱が上がったのは、古来独特の愛国心によるのだろう。政府はこれを鼓舞して、少しも排斥《はいせき》する必要はない。ただ、愛国心の使い方をよく考えないと、国家の大計と相反《あいはん》することもある。

陸奥は、世論というものの重要性を認識していた日本で最初の政治家だったのではないだろうか。このように、世論に迎合して利用する場合も、その歩止《ぶど》まりを知っていた。

国家の大事に際して、もし必要とあれば、一転して、世論に反してでも断固として方向転換をする覚悟を常に失わない合理主義的戦略家であった。

二十二　戦争調停国決まる

――アメリカへの絶対的信頼

まず、日清間の戦争を調停すべく真っ先に干渉してきたのは英国だった。

開戦直後の八月中旬に新任公使が着任するや、「英国は和平の調停案を出すであろう」と予告している。実際、英国の調停案は、平壌と黄海海戦に日本が勝った直後の十月八日に早くももたらされた。

その内容は、「①列強で朝鮮の独立を保障すること、②清国は賠償金を払うこと」の二点だった。英国は、同案を日本に提示するとともに列国の意向も打診したが、いかんせん、時期が早すぎた。戦争はまだまだ拡大しつつあり、どういう決着になるか予断を許さない。そんな時に話を始めても、誰も乗るはずがない。

陸奥は、伊藤と相談したうえで、同月二十三日に、以下の文面で英国に返答している。

「帝国政府は、英国皇帝陛下の政府をして日清戦争の息止《そくし》に関し問議を発せしむるに至りたる友誼《ゆうぎ》は十分感謝する所なり。今日に至るまで戦争の勝利は常に日本軍に伴えり。しかれども帝国政府は、今日事体の進歩を以てなおいまだ談判上満足なる結果を保証するに足らずと思考す。よって帝国政府が戦争を息止する条件に関し公然意嚮《いこう》を発表することは、姑《しばら》くこれを他日に譲《ゆず》らざるを得ずと認む」（日本政府は、英国政府が日清戦争を休止するための提案をしてくださったご厚意に十分感謝しています。今日に至るまで、戦争の勝利は常に日本軍が収めています。しかし今も、事態は変化していて、いまだ休戦交渉をするだけの十分な結果を出すに至っていないと考えます。よって、日本が戦争を休止する条件について、公に発表することは後日にせざるを得ないと思います）

英国政府は、この日本の返答に対して、新たな動きは起こさなかった。

そして、結果的に、この戦争を休止する端緒《たんしょ》を開いたのは、アメリカだった。陸奥は、この間の経緯を次のように書いている。

日清両国の間、八閲月《えつげつ》に亘《わた》りたる戦争を息止すべき端緒は米国に由《よ》って啓《ひら》かれたり。欧洲強国は互いに縦横連合の策を講じ、ややもすれば弱肉強食の欲を逞《たくま》しくせんとする最中において、新世界の中央に建国して常に社会一般の平和を希望する外《ほか》、決して他国の利害に干渉せざる政綱を主持する米国は、近日東方問題に関し欧洲強国の形勢甚《はなは》だ危険なるを見て、遂に日清両国に対し友誼《ゆうぎ》的仲裁をなすに至れり。……熟々《つらつら》清国の情勢を察すれば、彼らは今一層の打撃を蒙《こうむ》るの後に非《あら》ざればいまだに真心悔悟《かいご》し誠実に講和の必要を感ぜざるべく、而《しこう》して内国の人心にありては主戦の気燄《きえん》いまだ少しも減却《げんきゃく》せず、即今講和の端緒を開くは時機なお早し。

故に余は、米国に対しあたかもさきに英国に回答したる如く、暫《しば》く日本の確答を遅延するに若《し》かずと思えり。さればとて日清の戦争は無期限に継続すべきものに非ず。早晩講和開談の機熟する時節来るに及び、敢《あ》えて第三国の儼然《げんぜん》たる仲裁を必要せざれども、いずれの一国か居中周旋《きょちゅうしゅうせん》の労を執《と》り、特に彼我《ひが》の意見を互換すべき一機関と成る者あるはすこぶる便利なるべく、而してこの機関を託するは米国より善きはなしと思いたり。

【口語訳】

日清両国の八カ月にわたる戦争を休止する糸口はアメリカによって開かれた。欧州の強国は互いに協議して策を練って、弱肉強食で隙あらば、という姿勢だが、建国間もなく常に平和を希求し、他国の利害に干渉しない姿勢を堅持しているアメリカは、極東における欧州列強の伸長が危険な状況を見て、ついに日清両国に対して友好的な仲裁を申し出てきた。……

しかし、清国の情勢をよく観察すれば、彼らはもっと深刻な被害を受けた後でなければ、心からの反省をして講和の必要性を感じない様子であり、日本国内の人心は、主戦論が燃え盛っていて、すぐに講和を始めるには時期尚早《しょうそう》である。そこでアメリカにも、英国と同じように、態度表明を遅延させる回答をすればよいのであるが、さりとて、戦争は無期限に続くものでもない。時機が熟して、どこかの国が仲介の労をとってくれれば便利である。その場合、アメリカが最もよいと思う。

陸奥は、十一月十七日に、アメリカの仲介の申し出に感謝するとともに、いまはまだその時期にない、という趣旨の文書をアメリカのダン駐日公使に手渡す。そしてダン公使には、陸奥から口頭で、「日本政府は今公然米国政府を煩《わずら》わし日清両国の間における仲裁者たらんことを乞うは、あるいは以て他の第三者を誘招する虞《おそれ》なき能《あた》わざれば姑《しばら》くこれを避けざるを得ずといえども、しかれども異日《いじつ》もし清国より講和の端緒を開き来る時に方《あた》り、米国にして彼我の間、相互の意見を交換する便宜《べんぎ》を与えらるるにおいては、我が政府は深く米国政府の厚誼に倚頼《いらい》する所あるべし」（日本政府は、今、アメリカ政府に公式に仲介を依頼すると、第三国が入ってくるおそれがあるので、しばらくこれを避けざるを得ないが、将来、もし清国側から講和を求めてくる場合に、アメリカが仲介してくれるのであれば、日本としてはその厚意に甘えることがあるだろう）と伝えた。

アメリカは、早速《さっそく》北京のアメリカ公使を通じ、清国の意向《いこう》を打診《だしん》する。それが、もともと戦争嫌いな西太后《せいたいごう》の容《い》れるところとなって、思ったより早く和平交渉が始まることになる。

陸奥は、アメリカの干渉ならば、それが一番安全と考えたのであろう。彼は終始一《いっ》貫《かん》して、アメリカの誠意だけは疑わなかった。あれだけ赤裸々《せきらら》なマキャベリズムを告白している『蹇蹇録』でも、陸奥は、アメリカについては絶対の信頼を表明している。

二十三　講和の瀬ぶみ

——講和をめぐる、内外さまざまな主張

日本側は、将来清国が講和を求めてきた段階で、調停国はアメリカにするという姿勢が整ったが、他方、清の朝廷は、英国やアメリカから早期和平の希望が表明されたうえに、西太后が還暦の祝典の最中に戦争を続けたくなかったために、皇帝派の反対を押し切って和平に傾いた。このためにアメリカの調停はトントン拍子に進んで、明治二十八年（一八九五年）一月一日には清国代表が広島に到着する段取りになった。

清国にとっては、アメリカの調停を受諾《じゅだく》した直後に旅順口が陥《お》ち、一月には日本軍が山東半島に上陸して威海衛《いかいえい》を囲み、さらに直隷《ちょくれい》平野が脅《おびや》かされるという状態になった。したがって、初めの調停受諾のときは清でもまだ主戦論が強く、和平交渉に代表は出すが、停戦はしたくないという中途半端な姿勢だったが、その後、形勢が悪く

なるばかりなので、結果論としては早期調停のチャンスをつかんでおいてよかった、という形になった。

しかし、日本側の事情は逆であった。まだ北洋艦隊《かんたい》は降伏していないし、台湾、澎湖島《ほうことう》にも手をつけていない。しかも世論は挙げて主戦論であり、陸軍は直隷平野の決戦に備えて大軍を輸送中である。とても、まだ、話し合いに入れる状態ではない。

そこで伊藤は、清国の使臣が広島に着く数日前に、ひそかに陸奥を呼んで言った。

「今熟々《つらつら》内外の形勢を察するに講和の時機なおいまだ熟せず、かつ清国政府の誠偽《せいぎ》また甚《はなは》だ測知《そくち》すべからざるものあり、もし吾儕《わがせい》注意一番を欠く時は、講和の目的いまだ達するに及ばず、我が国が清国に要求せんとする条件先《ま》ず世間に流伝《るでん》し、徒《いたずら》に内外の物議を惹起《じゃっき》すの恐れあり、故に吾儕清国使臣と会同《かいどう》の日において審《つまび》らかに彼らの材能および権限如何を明察するの後に非ずんば容易に講和の端緒を啓《ひら》くを得ず、かつ顧《おも》うに清国がその使臣に付与する全権なるものに至りては往々国際公法上の例規《れいき》と符合せざるものあり、これまた吾儕が深く考察を加えざるべからざる所なり」

【口語訳】

「内外の情勢をつらつら考えてみると、講和の時機はまだ熟していない。また、清国側がどこまで本気かも分からない。ここで注意しないと、講和の目的を達成しないうちに、日本の清国に対する要求の内容が外に洩れて、日本国内や列強の間で、その内容について論議が巻き起こるおそれがある。したがって、今度来る清国の代表と会った時に、代表がどのくらいの人物か、どういう権限をもって来ているかを十分見極めないうちに、講和の会談は開くべきではない。清国が使臣に与えた全権は、往々にして、国際法上の基準に達しないものもあり、どのような全権状を持っているかもよく考えなければならない」

陸奥は、伊藤と同じ考えだったので、直ちに賛成した。この予想は的中した。

日本側は、伊藤と陸奥を全権に任命しているのだから、清国側もそれに対応するならば、恭親王《きょうしんのう》、李鴻章でなければならないのに、明らかに自分の判断では講和を結べないような人物を派遣し、国際公法上にかなった全権委任状も持っていなかった。そこでこういう相手とは交渉できないと言って、代表を本国へ帰してしまった。

他方、前年十一月から二月の間に、在外公館を通じて、列強がどのような考え方なのか、情報を収集しておおよその雰囲気は分かってきた。英国やドイツなどは、漠然《ばくぜん》とした一般論しか言わないものの、日本が清国の存立にかかわるような条件を出すことには反対の様子である。これならば、なんとかしのげる。直隷平野で決戦して北京を陥す前に、清国としかるべく手を打てばいいのである。

しかし、不気味なのは、日本の対清要求の内容がはっきりしてから考えようという姿勢のロシアだった。「俺の取りたい所に先に手をつけるな」という意向のようだが、この時点では、ロシアの確たる意思は明確に示されていなかった。

米国を仲介とする講和の進展に応じて、「我が国一般に主戦の気燄《きえん》はいまだ少しも衰褪《すいたい》するに至らざれども、この頃漸《ようや》く社会のある局部において講和の説を唱え出したる者なきに非ず」（わが国国民は、主戦論の勢いはまだ少しも衰えていないが、この頃ようやく、一部に講和の説を唱える人が出てきた）という変化は見え始めた。しかし、清に対しては、ある程度、欲張った要求を出さないと収まらないような情勢だった。

海軍は、初めは台湾を希望していたが、遼東半島にも欲が出てきた。一方、陸軍内部や財政当局は、以下のようなものだった。

陸軍部内の見解は、遼東《りょうとう》半島は我が軍流血暴骨《ぼうこつ》の結果これを略取《りゃくしゅ》したるものなり、これを我が軍の足跡未だ及ばざる台湾と比較するを得ず、かつ該半島は朝鮮の背後を撫《ぶ》し北京の咽喉《いんこう》を扼《やく》し、国家将来の長計上是非ともにこれを領有せざるべからず、と主張せり。また財政を管理する局部に

ありては、割地《かつち》問題に対し甚《はなは》だ熱心ならざる代りに償金の鉅額《きょがく》ならんことを切望せり。

【口語訳】

陸軍内部の見解は、遼東半島はわが軍が血を流し、骨を晒《さら》した結果、占領した所であり、まだ行ったこともない台湾とは比較することはできない。遼東半島は朝鮮の背後に位置し、北京の喉元を押さえる場所でもあり、国家の将来を見据えても、ぜひともこれを領有すべきだという。また財政当局は、領土の割譲問題には全く関心がないかわりに、巨額の賠償金の希望を出してきた。

民間の政党については、いわゆる対外硬派のなかでも、革新党は、「戦後もし清国自らその社稷《しゃしょく》を保つ能わず自暴自棄主権を放擲《ほうてき》する場合に陥れば、我が国は四百余州を分割するの覚悟なかるべからず。その時は山東、江蘇《こうそ》、福建、広東の四省を我が領有となすべし」（もし清国がその国家を保てなくなれば、日本は四百余州を分割する覚悟がなければならない。その時は、山東、江蘇、福建、広東の四省を日本は領土とすべきだ）と言い、自由党も「吉林、盛京《せいきょう》（奉天、遼東半島を含む満洲北部）、黒竜江《こくりゅうこう》の三省および台湾を譲与せしむべし」と主張した。

欧米の情勢が分かっているはずの外交官でも、いろいろ意見具申をしてきた。駐英、駐独の青木公使は、盛京省と、ロシアと国境を接しない限りの吉林省、直隷省（北京を中心とする京畿地方）の一部領有を具申している。駐露・西公使は、ロシアの態度を慎重に見守っていたが、遼東半島の譲与《じょうよ》をロシアは黙っていないであろうと予見して、むしろ、清国に巨額の賠償金を要求して、その支払いまで抵当として遼東半島を占領するのならば、ロシアといえどもこれに干渉しないだろう、と言ってきた。

そのなかで、全く違う主張を展開したのが谷干城《たてき》子爵＊だった。『蹇蹇録』には、以下のように記されている。

谷子爵の如きは当時一書を伊藤総理に寄せ、……該書中《がいしょ》一千八百六十六年孛墺戦争の歴史を引用し、割地の要求はあるいは将来日清両国の親交を阻障《そしょう》すべしとまで極言せり。その説の当否を論ぜず、この間能くその独特の見を発せしは万緑叢中《ばんりょくそうちゅう》紅一点の観なきに非ず。しかれども谷子爵といえども、いまだかつて社会の逆潮《ぎゃくちょう》に抗《こう》して公然その持論を発表するまでの勇気なく、唯々これをその私書中に述べて微意を洩らすに止まれり。

【口語訳】

谷子爵は、当時、一通の手紙を伊藤総理に送ってきた。その中には、一八六六年の普墺戦争に際してビスマルクがオーストリアに寛大な和平を許し、その後の独墺同盟、対仏戦争の布石とした大戦略を引用して、日清の友好関係のためには

＊谷干城子爵――（一八三七・三・一八〜一九一一・五・一三）明治期の陸軍軍人、政治家。土佐藩出身。西南戦争では、熊本籠城に成功し、官軍を勝利に導いた。学習院院長。子爵。第一次伊藤内閣の農商務大臣。享年七十五。

土地の割譲要求はしてはならない、と言ってきた。このような独特の見識を披歴したのは、緑がうっそうとした中での紅一点の印象があった。しかし、谷子爵も、社会の時流に抗してまでこれを公表する勇気はなく、伊藤総理宛に私信を書いたにとどまった。

第六章　開示か秘匿か、継戦か休戦か

透徹した判断力で
危機を切り抜けた伊藤と陸奥

講和をどう進めるか、
列強の干渉をどう防ぐか。
伊藤・陸奥の舵取りの力量が問われる正念場を迎える。

二十四　伊藤総理の上奏文
――事の真髄を掌握していた伊藤

さて、清に対しての割地、償金等、講和交渉の諸条件については、すでに政府部内においては成案を得ていて、伊藤博文総理は講和条約交渉に先立って一月三十一日、これを奏上した。

伊藤総理の文章は、いささかの虚飾もなく、平明にして文意暢達《ちょうたつ》、明治文語文中の珠玉《しゅぎょく》と評価できる。ただ、この上奏文は長文なので、諸条件などの部分は省き、それが外国の干渉に遭った場合を予想して、事前に留保しておいた部分だけをここに抜粋してみる。

――

清国講和使との談判の成否を論ぜず、もし一旦講和の条件を明言するに

おいては、よって以て第三国の容喙《ようかい》、干渉を招致することなきを保せず、否殆ど免るべからざるの数なりとす。但しその干渉の如何《いか》なる性質なるべきや、また如何なる度合なるべきやの点に至りては、仮令《たとい》如何なる賢明なる政治家といえども固《もと》よりこれを予測すること能《あた》わざる所にして、……原来かかる場合に当りて各強国が執る所の政略方針に至りては、樽俎《そんそ》の間にこれを他に転ぜしむること能わざる例往々多きが故に、万一かかる干渉を来り試むることあるときは、右第三国の意向を斟酌《しんしゃく》して清国に対する我が条件を多少変更せざるを得ざるに至るべきか、またはむしろ更に他の強敵を加うるもあくまで我が廟算《びょうさん》のある所を維持して動かざるかに至りては未来の問題に属すれば、その時に応じて更に評議を尽くすべきこととす。

これを要するに、今日この局を収結せんとするには文武両臣各その心を一にし、成算を鞏守《きょうしゅ》して深くその秘密を保ち、外間をして毫もこれを窺《き》知《ち》せしめず、終始一轍にこれを貫行《かんこう》することを要す。

【口語訳】

清国との談判が成功するかどうかにかかわらず、もし一旦、講和の条件を明言してしまえば、第三国の干渉は避け得ない。ただ、その干渉がどのような内容で、どのような強さで来るかは、いかに賢明な政治家でも予測できない。そもそも、列強がとる干渉の内容や方針を、外交交渉の場で転換させることは困難な場合が多い。もし、強国が実力を以てでも干渉してくる場合は、講和の条約を変更することに甘んずるか、それとも、清国と戦争している上に、新たな強力な敵国を作っても日本の方針を貫くこととするかは、先の問題として、その時に応じてお諮《はか》りしたい。

伊藤博文（写真提供：共同通信社）

つまるところ、今日のこの事態を収拾するには、全閣僚が心を一つにして、結果を見据えながら秘密を守って、諸外国には一切洩らさない姿勢を貫くことが必要である。

将来の変わり身の可能性まで、きちんと断ってある。また、三国干渉によって遼東半島還付に至る国難の到来を予見し、すでに廟議において心の準備をさせている。これもまた、いかにも伊藤らしい、用意周到にして文意明快なものだ。

伊藤という人は、単に円転滑脱《えんてんかつだつ》の周旋屋《しゅうせんや》のように思われているが、問題を整理して本質を抉《えぐ》り出す能力には天才的なものがある。よほど物事の大小軽重がよく見えていた人なのであろう。

明治十三年頃の自由民権運動の高まりに対して、明治二十三年の国会開設を提案して、その通り実行させたのも伊藤である。

日本が日清・日露の二大戦争を勝ち抜いたのは、日本民族が培ってきた優れた民度、伝統が、国民の中からほとばしり出た高い愛国心によって戦争のために結集されたからであり、特定の一つの分野に帰することはできないが、あえて国家戦略面でいえば、日露戦争では日英同盟の後ろ盾があったこと、そして日清戦争では伊藤、陸奥の天才的戦争指導によるところが大きかったと言っても過言でないであろう。

二十五　列強の干渉を防ぐ道

——伊藤総理の意見にためらわずに従う

明治二十七年末頃には、清国は、すでに継戦《けいせん》意思を失いつつあった。清は、列国の干渉に期待し、日本側の講和条件を窺知《きち》しようとして腐心《ふしん》していた。

一方、伊藤と陸奥の間では、講和条件の扱い方や方法論について、当初、意見の違いがあった。

陸奥は、「我が政府はここに清国に要求すべき条件を公示し、もしくは暗示し、欧米各国をして予め内諾《ないだく》、黙許《もくきょ》せしめ、以て他日の誤解を防止する方針」という根回し案であった。

これに対して、伊藤の考えは、「清国が誠実に平和を希望し来るまでは我より要求すべき条件は深くこれを隠蔽《いんぺい》し、厳に事局を日清の間に制限し、第三国をして事前に何ら交渉をなすべき余地なからしむる方針を執るべき」という、日清間だけで交渉を妥結させて、清国がもう引き返せなくなってから、条件が外国に知れるのがよいという案だった。

この二つの考え方の長短は、今から考えても、どちらがよいか分からない。

実際は、伊藤の考え方通りに実行されて、いったん日清の合意ができてから干渉を受けて、遼東半島還付となった。

もし、陸奥の考え方に沿って、先に列強の根回しをしていたらどうであっただろう。

最善の場合は、朝鮮に対する清国の干渉の排除を確保するために遼東半島を割譲させるという日本側の理由づけに、英国が、「それもそうだ」と賛成して、かたがたロシアの進出も抑えられると考えて、講和の仲介をしてくれて、それで話がまとまった場合、ロシアも干渉をためらったかもしれない。

しかし、もし英国が、「そんな無理を言うな。朝鮮の独立は列国が保証するから心配するな」といった場合、大陸の作戦の進捗《しんちょく》は当然妨げられる。すると、清国に対して十分な軍事的圧力を加えられないから、償金の額も少なかったろうし、台湾を取れたかどうかも分からない。

いずれにしても、あらかじめ英国と話をつけておいてあれば、三国干渉でヨーロッパ列強と対決する危険は避けられたかもしれない。英国の意向を計りながらやっている限りは、どちらにころんでも怪我は少ない。

他方、陸奥の考えの最大の欠点は、先の先まで読みすぎていることである。結果として、落ち着く先はそのあたりなのであろう。しかし、そんなことが分かるのは、陸奥ぐらいしかいない。押せ押せムードの世論、議会はもちろん、閣議でも、落ち着く先はそのあたりだとその時点で見極めをつけて陸奥案に賛成する人は、ほとんどないであろう。結果は同じでも、がむしゃらに行く所まで行って、それで駄目なら駄目でひき返すということならば、皆、納得する。英国が講和の仲介をしようと干渉してきたことに対して、伊藤が即座に、「しばらく返事をしないでおこう」と判断したのは、情勢の推移をみるという政治家としての常識的な判断だったと思う。

そして陸奥は、ただちに伊藤に賛成した。
これについて、陸奥は、こう記している。

> けだし重要の度においては両説いずれも軒輊《けんち》なきも、元来均《ひと》しく将来の結果を予想推測するものに係《かか》り、何人といえどもかかる機微《きび》の問題に対し未来の得失《とくしつ》を明見する能《あた》わざるは勿論《もちろん》なる上、余の急要としたるは畢竟《ひっきょう》この事に関し予《あらかじ》め廟議《びょうぎ》を一定し置かんと欲したるにありて、固《もと》より執一の意見を膠守《こうしゅ》するにあらざれば、遂に伊藤総理の所見に同意するに躊躇《ちゅうちょ》せざりし。

【口語訳】

両説とも理にかなったものであるが、誰も、こんな機微に触れる問題で将来を見通せるものでもないのだから、どちらの説が正しいかは、総て将来の結果にかかることである。必要なことは、つまるところ、あらかじめ閣内の一致を見ておくことだったので、自分は伊藤総理の意見にためらわず従った。

果たして、清国は、二十七年の暮れには、天津税官吏を派遣して日本の意図を探ろうとし、明けて二十八年一月には、閣僚レベルの講和使を派遣して小当たりに講和条件を探ろうとしてきた。

この時の使臣が十分な条件を備えた人物ではなかったので、陸奥は使節の全権委任状の不備を理由に、講和の内容に立ち入らないまま帰国させたことは、「二十三　講和の瀬ぶみ」で述べた通りである。

その使節の帰国に際して、伊藤は、明治十八年に天津に赴いた時からの知人だった伍廷芳《ごていほう》という人物が清国講和使随行員にいることに気づき、呼びとめ、李鴻章へ伝言を委託する。それは、「**もし清国にして真実に平和を希望し正当資格ある全権使臣を命ずるにおいては、吾儕《わがせい》は談判を再開することを躊躇《ちゅうちょ》せざるべし**」（**もし清国が、本当に平和を希望して、李鴻章のようなしかるべき全権使臣を派遣してくれば、われわれは講和の談判を再開する用意がある**）というものだった。

これが講和の下関会議の端緒《たんしょ》となる。

二十六　李鴻章の老猾さ

――愛すべきずるがしこさ

戦局の帰趨《きすう》が次第に見えてくるにつれて、欧州列強は干渉の準備に入った。

初めは、あまり過大な要求をするなという程度の申し入れで、何が過大なのか分からなかったが、『ロンドン・タイムズ』は、ロシアが列強を誘って干渉する意思のあることを報じて、列強は、日本が中国大陸を寸土《すんど》たりとも割取《かっしゅ》することを認めないだろう、と論じ、干渉の方向も大体、分かってきた。

ここで、陸奥は、こうなっては講和の進展を少しでも早めるほうがよいと考えて、アメリカ公使を通じて清国に、「日本国政府は、清国にて軍費賠償および朝鮮国独立を確認する外に、戦争の結果として土地を割譲し、および将来の交際を律するため、確然たる条約を締結することを基礎とし談判し得べき全権を具備する使臣を再派するに非ざれば、更に何らの講和使を派遣するもその使事全く無効に帰すべし」（賠償と朝鮮独立の外に、土地の割譲と通商条約の締結の全権を有する大臣を派遣するのでなければ、新たな代表を派遣しても無意味である）と言って、ある程度、日本側の条件を清国側に洩らしている。もう一度、中途半端な代表が来て時間を稼《かせ》がれては、今度は日本側が困るからである。

これに対して、入れ違いに、清国側は、李鴻章に全権を与えて派遣する旨、通報してきた。これで講和談判のお膳立てができたわけであり、会談は、明治二十八年三月二十日から下関で始まった。

李鴻章《りこうしょう》は、伊藤総理と旧知の間柄で、古希《こき》以上の年齢だったが、かつて曾国藩《そうこくはん》が「その容貌、詞令《じれい》以て人を圧服するに足る」（その容貌と言葉で人を圧倒するには十分だ）と表現したそのままであった。講和会談で、李鴻章は、開口一番、中国人一流の言辞を用いて、日本側を説得しようと試みる。

両国は人種相同じく文物、制度総てその源を異にせず、今や一時交戦に及ぶといえども、彼我永久の友誼を回復せざるべからず、幸いに今回の干戈《かん》息止《かそくし》するに及べば啻《ただ》に従来の交際を温復するのみならず、更に進んで一層親睦なる友邦たらんことを冀《こいねが》うのみ。

そもそも今日において東洋諸国が西洋諸国に対する位置如何を洞知《どうち》し得るは天下誰か伊藤伯の右にあるものあらんや、西洋の大潮は日夕に我が東方に向かいて流注し来る、これ実に吾人《ごじん》協力同心してこれを防制するの策を講じ、黄色人種相結合して白皙《はくせき》人種に対抗するの戒備《かいび》を怠るべからざる秋《とき》に非ずや、……

また彼は日本比年の改革事業を賛揚《さんよう》し、一にこれを伊藤総理為政の宜《よろ》しきを得るに由ると称し、清国の改革いまだその効を奏せざるを以て自己才略の短なるを歎《たん》じ、更に語を継ぎて、今回の戦争は実に両個の好結果を収めたり、その一は日本が欧洲流の海陸軍組織を利用しその成功顕著《けんちょ》なりしは、以て黄色人種もまた確かに白皙人種に対し一歩も譲る所なきの実証を示し、その二は今回の戦争に依り清国は長睡の迷夢《めいむ》を覚破《かっぱ》せられたるの僥倖《ぎょうこう》あり、これ実に日本が清国の自奮《じふん》を促し以て清国将来の進歩を助くるものにして、その利益洪大なりというべし、故に清国人中には蒔《しきり》に日本を怨恨《えんこん》し居るもの衆多《しゅうた》なるにかかわらず、余はかえって日本に対し感荷《かんか》する所多しと思う、……

日本は欧洲各国に恥じざる学術智識《ちしき》を有し、清国は天然不竭《ふけつ》の富源《ふげん》を有す、もし将来両国相結託するを得ばその欧洲強国に敵抗するもまた甚《はなは》だ難事に非ざるべし……

【口語訳】

日清両国は、同文同種のアジアの二大帝国である。一時は戦争をしても、永久の友好関係を回復しなければならない。むしろ、前よりももっと仲の良い友邦となることを期待する。

さて、現在、東洋が世界の中におかれている地位を洞察されている点では、伊藤伯の右に出るものがあろうか。西洋の大波は、東洋に向かって押し寄せてきている。今こそ、われわれ黄色人種が協力して、白人に対抗するよう心がけるべき時である。

また最近の日本の改革事業は、讃嘆すべきものがあり、一にこれは、伊藤総理の為政がよいからである。清国の改革はまだうまくいっていないが、これは、私の才略が及ばないからである。しかし、今回の戦争は、実に、二つのよい結果をもたらした。その一つは、日本がヨーロッパ風の軍隊を組織して、それが成功したことで、黄色人種も白人に負けないことを示した。

もう一つは、この戦争により、清国が永い眠りの夢から醒まされたことであり、これこそ、日本が清国を発奮させ、清国の将来の進歩を助けてくれたものであり、絶大な利益を与えたというべきである。だから、清国人の中には、日本を恨んでいるものも多いが、私はむしろ、日本に感謝するところが多いと思う。日本は、ヨーロッパに恥じない学術知識を有し、清国は豊かな天然資源をもっている。将来、この二大帝国が協力すれば、ヨーロッパ諸国に対抗するのも難事ではあるまい。

この李鴻章の話を聞いた陸奥は、「縦横談論努めて我が同情を惹《ひ》かんとし、間々好《こう》罵《ば》冷評《れいひょう》を交えて戦敗者屈辱《くつじょく》の地位を掩《おお》わんとしたるは、その老猾《ろうかつ》かえって愛すべく、さすがに清国当世《とうせい》の一人物に恥じずというべし」（話題は縦横に及び、硬軟取り混ぜながら、日本の同情をひこうとし、あるいは、時として鋭い辛辣な言葉を発して、敗者としての屈辱的な立場を覆い隠そうとしていた。そのずるがしこさは、むしろ愛すべきものであり、さすがに清国を代表する人物たるに恥じないものである）と評している。

たしかに、陸奥が鋭く感じている通り、誠意で相手を感動させるというよりは、実に上手にできた演説というべきである。しかし、陸奥が指摘しているように、それまで、ありとあらゆる方法でヨーロッパ諸国の干渉を招こうとしたのは李鴻章であり、また、日本から講和の条件を聞き出すが早いか、これを西欧諸国に通知し、その干渉によって条件を緩和しようと腹の中で考えていたのであるから、今さら、日清共同して西力東漸《せいりょくとうぜん》を防ごうと言っても、ただの巧みな言辞として以上の感動は与えない。

しかし、四千年の歴史のある中国人の言辞というものは、日本人の想像できないぐらい巧みなものである。一度、中国を訪問した人がすぐに親中派になるのも、こうしたことが大きいらしい。

中国人はずるいとか、だますとか言うつもりは毛頭ない。人に好感を与え、満足させ、将来の友好関係を築く。このことが悪いはずはない。

ただ、中国人の言辞の巧みなこと、つまり言葉というものは、子供のように――敢えて言えば、日本人のように――自分の真情《しんじょう》を露《あら》わにするためにあるものではなく、話す相手に良い印象を与え――あるいはわざと怒っていることを見せ――自分にとって得になるようにするためのものであるということを知っている大人の国であることを、日本人も理解しておく必要があるということである。

陸奥のように「老猾かえって愛すべし」とまで、相手の腹を見透かす洞察力があって、初めて対等に話せるということである。

二十七　狙撃事件で一転、休戦へ

――伊藤・陸奥の迅速、適切な措置

ここで、休戦が問題になる。

戦争をやめるには、国際法が想定している常識的な段取りでは、まず休戦をして、それから和平交渉に入るのが順序である。しかし、伊藤、陸奥は、休戦抜きでの講和条約交渉を希望した。

その理由を『蹇蹇録』には、「けだし、当時の戦況においてわれはもとより休戦の必要なし。もともと、われわれは直ちに講和談判に取りかからんと欲したり」とある。

講和談判は、戦いに倦《う》んだ清国が米国仲介の機を捉《とら》えてすすめたものであって、日本側は中国大陸においてさらに地歩を進める軍事的余力を持っていた。日本にとっては、時期尚早《しょうそう》と思いながら始めた交渉であった。

国民においては、さらにその傾向は強く、「この時我が国一般の人心はいまだ戦争に厭《あ》きたる気色なく、ひたすら講和なお早しと叫ぶ」状況にあった。

よって二十三でも触れたように、二十八年二月、広島会議で清国使臣を門前払いにしたことにも「清国講和使を放逐《ほうちく》したるは近来政府の英断《えいだん》なり」などと言われた状況だった。

日本軍は、直隷《ちょくれい》の決戦を控えて兵力増強中である。台湾もまだ取っていない。ここで軍事行動を停止する意向はない。

といって、休戦なしの講和は、国際慣行に反するという非難もありうる。日本としては、文明国の慣行に反すると言われることが何より辛い。

そこで、極めて厳しい休戦条件を出した。それは、休戦の条件として、まだ占領していない大沽《タークー》、天津《てんしん》、山海関《さんかいかん》を日本軍が占領し、その地域の清国軍は、兵器、弾薬、食糧を全部引き渡し、しかも、休戦中の軍事費は清国が負担するというものである。

山海関は北京《ペキン》の北の守り、大沽、天津は海への門戸であり、日本は直隷の決戦を待たずに、その果実を手に入れることになる。

李鴻章は、この覚書を黙読するや「顔色すこぶる動き一驚《いっきょう》を喫《きっ》したる如く、口《くち》裡《うら》荐《しきり》に余り苛酷なりと連呼」（驚いたようで、顔色が急変し、「過酷！　過酷！」と連呼）した。陸奥も、この条件は清国が休戦を諦めて、直ちに和平交渉に入ってくれればよいと思って提案したまでのことであり、李鴻章が「過酷」と叫んだのも無理のないことだと認めている。ただ、日本側の言い分としては、休戦をしなければ取れるところなのだから、よこせ、ということだったのだろう。


李鴻章は、やむを得ず、休戦を諦めて講和交渉に直接入ることにしたが、思わぬ事件で休戦を勝ち取ることになる。

三月二十四日、李鴻章は、自由党の壮士・小山六之助にピストルで狙撃されて重傷を負った。小山の考えは、講和を尚早と考え、これを妨害して、もっと戦果を拡大することにあったようだが、誰もがすぐに予想したことは、これで日本の評判は悪くなり、講和交渉は停滞して、外国からどんな干渉が来るか分からないということであった。

天皇陛下は、直ちに詔勅《しょうちょく》を発して遺憾の意を表され、医者を派遣され、皇后陛下は御製の包帯を下賜され、世論もこぞって李鴻章に同情して、慰問の客で李の宿舎は門前市をなしたという。

陸奥は、すぐに伊藤を訪ねて、「これは、すぐ休戦を受け容れるほかはない」と進言した。何か具体的な譲歩をしなければ、李鴻章は満足しないだろう。とくに、日本の警察の不手際で講和の進展を妨げた期間に、戦争を続行しては道義にも欠ける、ということであった。

伊藤も陸奥の意見に賛成したが、休戦については軍の意見を訊《き》かなければならない。下関から広島に電報してみると、広島の閣僚や大本営は大方反対である。しかし、陸奥の判断では、ここで二、三週間休戦して、戦闘を再開しても、そう戦機を誤るというほどのことはないはずである。陸奥にとっては、何よりも早く講和を結ぶことが至上命題であった。

陸奥は、以下のように記している。

もし李鴻章にして、単にその負傷に託して使事《しじ》の半途《はんと》に帰国し、痛く日本国民の行為を非難し巧みに欧米各国を誘引し再びその居中周旋《きょちゅうしゅうせん》を要求せんには、少なくも欧洲二、三強国の同情を得るに難しからざるべし。而《しこう》してかかる時会《じかい》において一回欧洲強国の干渉を招くに至らば、我が清国に対する要求もまた大いに譲歩せざるを得ざる場合に立ち到るやも許られず。

【口語訳】

もし李鴻章が、負傷を理由に交渉の途中で帰国して、日本人の行為を厳しく非難して欧米各国の同情を集め、日本との仲立ちを願えば、少なくとも欧州の二、三の強国は同情するであろう。このような時に、ひとたび、欧州強国の干渉を招けば、日本の清国に対する要求も大いに譲歩せざるをえなくなるかもしれない。

清国は、日本軍の進撃を止めようとして、休戦条項を先行させてほしいと求めてきたが、日本側の峻拒《しゅんきょ》にあって講和条約を優先することを受諾したばかりであった。

ここで伊藤と陸奥は、「かつて彼が懇請《こんせい》して已《や》まざりし休戦をこの際我より無条件にて許可するを得計《とっけい》」（かつて李鴻章が強く願っていた休戦を、日本側から無条件で許可するのが上策）として、閣僚や大本営の反対を押し切って、休戦条約の聖裁を得る。

陸奥は、李鴻章の病床に赴いて、その意を伝えると、「李鴻章はその半面に包帯を蒙《こうむ》り、包帯外僅《わず》かに顕《あら》わるる一眼を以て十分歓喜の意を呈し、我が皇上仁慈の聖旨を感謝し、かつ余に対し負傷いまだ癒えず会議所に赴き商議する能《あた》わざれども、彼の病床に就《つ》き談判を開かんことは何時も妨《さまた》げなしといえり」（李鴻章は、顔半分は包帯で覆われていたが、覆われていない方の目には十分、歓喜の気持ちが現れ、天皇陛下のご配慮に感謝し、まだ傷がいえないので会議所に赴いて会談することはできないけれども、病床に来てもらえればいつでも交渉を再開してもよい、と述べた）。

そこで、台湾、澎湖島《ほうことう》地域を除き、二十一日間の休戦を取り決めた。

この交渉の間、港の清国汽船は盛んにボイラーを焚《た》き、すぐにでも帰国する姿勢を見せていたという。

心ない強硬論者によって、伊藤と陸奥が進めてきた水も洩らさぬ外交に蹉跌《さてつ》を来したのは痛恨事ではあったが、日本は、伊藤、陸奥のコンビの下、また迅速、適切な措置で国策を誤らずに、間一髪の危機を切り抜けることができた。

二十八　講和条約の批准

――強硬姿勢で、清に受諾を迫る日本

こうして、講和条約交渉は開始され、四月一日に日本側提案を提出し、交渉は同月十七日に妥結《だけつ》した。その内容は、「朝鮮の自主独立を承認する」、「遼東半島、台湾、澎湖島《ほうことう》を割譲する」、「軍費賠償として、二億両《テール》を支払う」、「欧州諸国並みの日清通商航海条約などを結ぶ」、「新たに開港場を加える」という趣旨であった。

ここで問題なのは、清国は、日本側提案を入手するが早いか、極秘裡《ごくひり》に、北京の英、露、仏の公使に内容を通知したことだった。そして、日本側の条件は苛酷《かこく》であり、とくに遼東半島の割譲は承服できないと訴えている。

これは、二十五で詳述したように、伊藤がかねてから予想していた通りの動きである。これが三国干渉の直接の引き金となったことはいうまでもない。

その時に、清国政府は、通商に関する譲許《じょうきょ》の条項は、各国に明かさなかった。それは、各国が多年、清国に要求して得られなかった条件を多く含んでいたので、日本がこの権利を得れば、最恵国待遇《さいけいこくたいぐう》で各国も当然、これに均霑《きんてん》する（平等に利益を得る）という意味で、各国については歓迎すべき条項であったからである。そして、これを知った陸奥は、この通商の部分を英国の新聞に掲載させ、英国の講和条約反対を封じる一助にしている。

一方で、李鴻章は、日本側の提案に対する長文の覚書を提出する。その一部にみるべきものがあるので抜粋する。

そもそも数千百年、国家歴代相伝《そうでん》の基業《きぎょう》たる土地を一朝割棄《いっちょうかっき》する時は、その臣民たる者、恨を飲み寃《えん》を含み日夜復讐を図るに至るは必然の勢いなり、いわんや奉天省は我が朝発祥《ちょうはっしょう》の地にして、その南部を以て日本国の所有とし海陸軍の根拠となるときは、何時も直ちに北京を衝《つ》くを得《う》べきを

や、清国臣民たるものにしてこの条約文を観《み》れば必ずいわん、日本国は我が祖宗《そそう》の地を取り海陸軍の根拠とし久遠《くおん》の仇敵《きゅうてき》たらんと欲する者たりと、……清国臣民勢い必ず嘗胆坐薪《しょうたんざしん》、復仇これ謀《はか》るに至るべく、東方両国、同室に戈《ほこ》を操《と》り永久怨仇《おんきゅう》となり、互いに相援《あいたす》けず、適々《たまたま》以て外人の攘奪《じょうだつ》を来すあるのみ。

【口語訳】

そもそも数千年にわたり、国家が伝承してきた土地を手放さざるを得ないときは、その国民は、恨みを抱いて日夜復讐をしようと思うのは当然である。いわんや奉天省は我が国発祥の地であり、その南部が日本陸海軍の本拠地になった場合は、何時、北京が攻められるか分からない。清国民がこの条約文を見れば、必ず、「日本は我が先祖の地を取り上げて、陸海軍の根拠地とした。これは永遠の敵である」と言うに違いない。清国民は必ず、苦難を耐えしのび、仇《かたき》を討とうとするだろう。この日清両国は、たがいに武器を取って、永遠に敵同士となり、助け合うこともなく、外国の攻撃を受けることになるだろう。

言辞は巧みであり、あるいはその後の歴史の一部をよく予見しているのかもしれないが、戦局は、もはや、こうした論議では転換することができない趨勢であった。最終的には、日本は当初の要求の三億両《テール》を二億両に減額し、また遼東半島の範囲を狭めるなど妥協案を提示して、清国側にイエスかノーかを迫った。

伊藤は、当初から、「清国使臣には深く現今両国の形勢如何を熟慮せんことを望む、即ち日本は戦勝者にして清国は戦敗者たりという事これなり、……もし不幸にして今回の談判破裂するの暁《あかつき》においては、一命の下に我が六、七十艘の運漕船は更に増派の大軍を搭載して舳艫《じくろ》相銜《あいふく》み直ちに戦地に継発すべし、果してしからば北京の安危また言うに忍びざるものあり」（清国の代表が、現在の状況を深く理解されることを望む。それは日本は勝者で、清国は敗者であるということである。もし談判が破裂すれば、六十〜七十隻の輸送船は、さらに増派の大軍を戦地に送ることになり、その場合は北京の安危は言うに忍びざるものがある）と言い、最終段階では、「戦争なるものは、その戦闘上の措施《そし》においても、またそのよって生ずる所の結果においても、進むことありて止まることなきものなれば、今日本国が幸いに承諾することを得べき所の講和条件は後日に至りても承諾せらるべきものと御思惟《しい》相成らざるよう致したし」（戦争というものは、拡大することはあっても、止まることはないものであり、現在の日本が承諾した講和条件が将来もそのまま承諾されるとは思われないようにしてください）と述べて、受諾を迫り、清国側も日本の決意は固いと見て、後は列強の干渉に期待すれば良いと考えたのであろう、ここで条約を受諾した。

下関講和談判。交渉に臨んでいる陸奥が描かれている（聖徳記念絵画館提供）

条約は、四月二十日、明治天皇によって批准され、内閣書記官長・伊東巳代治《みよじ》は、批准書交換のために芝罘《チーフー》に赴《おもむ》いた。

第七章　帝国主義の怒濤に直面

三国干渉来る
国家の命運を決めた指導者の識見

日本が苦心惨憺の末、勝ち取った遼東半島。
その直後、日本の苦労をあざ笑うように、
返還を要求する三国干渉の津波が日本を襲う。

二十九　ロシア先頭に干渉の波

――日本、危急存亡の秋《とき》

戦前までの世代の人は、三国干渉と聞くと、もうそれだけで、体中の血が怒りで逆流したものである。たしかに、極東の平和のためだといって、日本に遼東半島の返還を強制したロシアが、舌の根も乾かないうちに自分で遼東半島を占領したことは、単に理不尽であるだけでなく、厚顔無恥であり、日本に対する侮辱といってよい。

しかし、それは日本人の世間知らずのゆえといってもよいかもしれない。狼が渾身《こんしん》の力を振り絞って大鹿を斃《たお》しても、そこに虎がくれば、自分の権利も何もないのが、ジャングルの掟である。帝国主義時代に自国の利益を拡張しようとするものが、干渉を受けるのは当然であって、何も日本だけに特別のことではなかった。

三国干渉の張本人のロシアでさえも、ナポレオン戦争以後は、英国とともに世界の二大覇権国と並び称せられながら、トルコを蚕食《さんしょく》しようとして、何度、英国の干渉を受けて涙をのんだか分からない。

ソ連の黒海艦隊が、ダーダネルス海峡によって地中海への出口を扼《やく》されていたのは、十九世紀における英国の干渉のお陰であると言って過言ではない。

干渉は、いつかは来る。

伊藤も、陸奥も、それは十分に知っていた。十分承知の上で、時間と競争して、戦争をしていたのである。他方、前節で触れたように、清国側は初めから当然のことのように列国の干渉に期待し、積極的にそれを招こうとしていた。

下関条約調印後、陸奥は療養していた。すると直ちに、三国干渉は動き出す。

余は養痾《ようあ》のため暫《しばら》く暇《いとま》を賜《たま》わり播州舞子《ばんしゅうまいこ》に休沐《きゅうもく》しおれり。かくの如くにして閣臣の四方に散居《さんきょ》したる折から、四月二十三日において在東京露、独、仏公使は外務省に来り林外務次官に面会し、各自に本国政府の訓令を受けたりと称し、日清講和条約中、遼東半島割地の一条に関する異議を提起したり。

【口語訳】

私は、病気療養のため、しばらく休暇をもらい、兵庫県舞子で休息をとっていた。各大臣が、それぞれに過ごしていた四月二十三日に、東京に駐在しているロシア・ドイツ・フランス公使が外務省に来て林外務次官に面会し、各国本国の訓令だとして、日清講和条約の中の遼東半島割譲の一項に異議を提起してきた。

二十五で触れたように、伊藤と陸奥の間には、講和交渉の進め方に違いがあった。すなわち、陸奥は事前に条件を開示して列国に根回しして置く案を示唆《しさ》し、伊藤は秘密を保持して事前に干渉されるのを排除することを主張した。結局は、伊藤の意見に集約して後者に統一した経緯があった。

陸奥は、こうした欧州列強の干渉を受けると、直ちに、伊藤に対して、「我が政府がもし当初に欧洲大国に対し我が要求条件を示したらんには、その時起るべき問題が今日に至りて来りたるものと見るの外なし。しかれども我が政府は最早騎虎《きこ》の勢いなれば如何なる危険を冒すも、即今の位置を維持し一歩も譲らざるの決心を示すの外他策なかるべし。貴大臣の御考え如何」（講和の条件について根回しをしていれば、その段階で来た干渉が、今来たということである。日本は今や引き返せないところにきているので、危険を冒しても一歩も引かない姿勢を示す以外に方法はないと思うが、貴総理のご意見はどうか）と尋ねている。

しかし、同日、林次官の電信を受け取った陸奥は、その形勢がいよいよ容易ならざる状態であることを知る。とくにロシアは、前年来、その軍艦を東洋に集結させ、今や強大な海軍力を日本や支那の沿海に配置していた。

——就中《なかんずく》露国政府は既にこの方面の諸港に碇泊《ていはく》する同国艦隊に対して、二十四時間に何時にても出帆《しゅっぱん》し得べき準備をなし置くべき旨《むね》内命を下せりとの一事はすこぶるその実あるが如し。

【口語訳】

とくにロシア政府は、すでにこの方面の港に停泊するロシア艦隊に対して、二十四時間いつでも出帆できるように準備せよと命令を下したという情報は、事実のようであった。

この分析は、「日本がこれを拒否すれば、日本への砲撃はやむを得ない」というウイッテの回想録の記述と符合している。

まさに日本にとって、危急存亡の秋《とき》であった。

三十　干渉受諾以外に選択肢なし
――危機に際立つ伊藤の発想

ロシアなどの干渉を受けた直後の『蹇蹇録』には、こう記されている。

この際我が政府の措置如何は実に国家の安危栄辱《あんきえいじょく》の上に重大なる関繫《かんけい》を有するを以て、固《もと》より暴虎馮河《ぼうこひょうが》の軽挙《けいきょ》を戒《いまし》むべきは勿論なれども、しかれども昨年以来我が海陸軍が流血暴骨《ぼうこつ》、百戦百勝の軍功を積み、政府もまた惨憺《さんたん》たる経営苦心を極めたる外交上の折衝を重ね、その結果は内外人民の希望に副《そ》いすこぶる賞賛を博したるにおいて、皇上の御批准《ひじゅん》さえ既に済みたる条約中主要の一部を烏有《うゆう》に帰せしむるが如き譲歩をなすにおいては、仮令《たとい》当局者たる吾儕《わがせい》は国家の長計のため胸中無量の苦痛を忍び、更に将来の難局に当るを避けざるべしと覚悟するも……内より発する変動は如何にこれを抑制し得べきか、内外両難の間、軽重いずれにあるべきかと憂慮したり。

【口語訳】

この際、わが政府がどう対処するかは、まさに国家の浮沈をかけた重大なことである。血気にはやって軽挙妄動を戒めるのは勿論《もちろん》のことだが、しかし、昨年来、わが陸海軍が血を流し、骨を戦場に晒《さら》して、連戦連勝の軍功を積み、政府もまた大変な経営の苦心を積んだ結果は、国民の希望に沿うものであり、国内外の賞賛を集めてきたものである。また、天皇陛下の批准も既にいただいた条約の主要な部分を無にするような譲歩をすることは、いずれ国家の長久《ちょうきゅう》の計として我慢せざるを得ないこともあるだろうが、ここですぐに降りては、国内の反発《はんぱつ》をどうやって抑えるのだろうか。内外両方の困難に直面して、その態度決定に悩んだ。

ここでは、陸奥の分析や文章が、珍しく冴えを欠いている。

事態の進展が、あまりに読み筋通りになったために、前の発想に捉われ過ぎているのか、あるいは開戦以来の国家経営が、余りに苦心惨憺《さんたん》の連続だったのか、理屈に凝り固まっているきらいがある。

これに対して、伊藤の現実主義と発想の闊達《かったつ》さは、いつもと変わらなかった。

陸奥は、露・独・仏の遼東半島に関する勧告を、「一応これを拒絶し、彼らが将来如何なる運動をなすべきやを視察し、深く彼らの底意を捜究《そうきゅう》したる上、なお外交上一転の策を講ずべし」（一応、これを拒絶して、彼らが将来どのような動きをするかを見て、彼らの意図するところを探ったうえで、外交上、策を講ずるべし）と、既成事実に未練を残している。

これに対して、伊藤総理は、「この際予《あらかじ》めその結果如何を推究《すいきゅう》せずして卒然《そつぜん》三大強国の勧告を拒絶するは事すこぶる無謀ならずや、かつ露国が昨年以来の挙動は今更にその底意の浅深《せんしん》を探るまでもなく甚《はなは》だ明白なることとなり、しかるに殊更《ことさら》に我よりこれを挑発して彼らに適応の口実を与うるはその危険甚だ多く、いわんや危機まさに機微《きび》の際に暴発《ぼうはつ》せんとするに臨み、いわゆる外交上一転の策もまたこれを講ずるの余地なかるべきにおいてをや」（この際、予め結果がどうなるかを推測せずに、だしぬけに三大強国の勧告を拒絶することは、無謀ではないか。それにロシアの昨年来の行動は、今さら、その意図を推測するまでもなく、非常に明白である。ことさら日本から三国を挑発して、彼らに口実を与えるのは極めて危険であり、いつ何どき、危機が暴発するか分からない状況になってしまうと、その時に、外交上の策を講じる余地があるのかどうかも分からない）と、明快に陸奥の意見に論駁《ろんばく》している。

ロシアの意図など、見極めるまでも無い。そんなことは分かっているではないか、という伊藤の判断の通りであろう。また、伊藤はロシアの脅威という大事の前においては、日本の国内世論の反発などは、末梢事として考慮も払っていない。この軽重の感覚も正しいのであろう。

ここにおいて、陸奥は、自説を撤回する。

三十一　新たな干渉を招くなかれ

――国家の隆盛期における、指導者の士気の高さ

広島には、閣僚は、伊藤総理と山形有朋・西郷従道の三人しかいなかったが、伊藤総理が御前会議の結論として出した「列国会議を開き、これにゆだねる」という案に、陸奥は反対する。

ここで陸奥は、その分析の犀利《さいり》さを回復して論陣を張る。

一度列国会議に附するにおいては、列国各々自己に適切なる利害を主張すべきは必至の勢いにして、会議の問題果して遼東半島の一事に限り得べきや、あるいはその議論枝葉より枝葉を傍生《ぼうせい》し各国互いに種々の注文を持ち出し、遂に下関条約の全体を破滅するに至るの恐れなき能《あた》わず、これ我

――より好んで更に欧洲大国の新干渉を導くに同じき非計なるべし。

【口語訳】

一旦、列国会議に委ねれば、列国は各々、自分たちの都合のいい利害を主張するのは必至であり、会議の話題が、果たして遼東半島だけに限定できるだろうか。あるいは、枝葉は枝葉を生み、各国互いにさまざまな注文を持ち出して、最終的には、下関条約の全体を破滅してしまう恐れはなきにしもあらずだ。これは自分から率先して、欧州大国の新たな干渉を招き入れるに等しい愚計である。

干渉は自ら招くべからず、という陸奥の確固たる基本方針はここにも出てくる。清国が安易に誰にでも彼にでも干渉を頼みまくったのと対比して、陸奥の見識は立派だと思う。陸奥の考えでは、干渉とは、すなわち列国に分け前をやるということであり、そんな余計なことは、万やむを得ざる時までは避けるべきだということである。当時の帝国主義時代の本質を見抜いた見識である。

この陸奥の意見に対して、伊藤も「余の説を然り」と首肯《しゅこう》した。ここで再び伊藤、陸奥の間に一分《いちぶ》の狂いもない意見調整ができたわけである。

そこで、次の策をとることにする。

もし今後露、独、仏三国との交渉を久しくするときは清国あるいはその機に乗じて講和条約の批准を拋棄《ほうき》し、遂に下関条約を故紙《こし》空文に帰せしむるやも計られず。故に我は両個の問題を確然《かくぜん》分割して、彼此《ひし》相牽連《けんれん》する所なからしむべきよう努力せざるべからず。これを約言すれば、三国に対しては遂に全然譲歩せざるを得ざるに至るも、清国に対しては一歩も譲らざるべしと決心し、一直線にその方針を追うて進行すること目下の急務なるべしとの結論に帰着し、……裁可を経たり。

【口語訳】

もし今後、露、独、仏の三国と長期間交渉すれば、清国はその機に乗じて講和条約の批准を放棄し、下関条約を反故《ほご》にするかもしれない。だから、日本は、この三国の問題と清とを切り離して、彼らが相互に連携しないように努めるべきである。つまり、三国に対しては、最終的には譲歩せざるを得ないかもしれないが、清国に対しては一歩も譲らないと決心して、その方針を死守して事を進めることが大切であるとの結論に達して、天皇陛下の裁可をいただいた。

国家の命運が危機一髪の時に、伊藤と陸奥が、何のこだわりもなく国事を論じ、後世から見ても最も正しい選択に落ち着いて行く、その度量も識見も大したものだと思う。国家の隆盛期における指導者の士気の高さを示して余りあるところである。

そしてこうした方針が守られて、清国に下関条約を批准させ、その方針を完遂させることができた。

三十二　自力なければ、誰も助けず

――日本の実力を梃子《てこ》にして、日英同盟へ

三国干渉の受諾が決定した後も、陸奥は最後の外交努力を放棄しなかった。『蹇蹇録』には、こう記されている。

条約批准交換の期日まではなお十有余日を存すれば、先ず一方においては三国の勧告に対し再三理を悉《つく》し情を述べ、その勧告を撤回せしむるかあるいはこれを寛和《かんわ》せしむるかの方策を講じ試むるべく、かくする間に彼らが将来如何の挙動に出づるかをも視察し得べく、また他の一方においては我もしこの際他の二、三大国の強援を誘引し得ば、……また仮令《たとい》遂に干戈《かんか》相見《あいまみ》ゆるの不幸に陥るも、なお我が独力を以て危難を冒すに勝ること万々なるべし。

【口語訳】

条約批准交換の日までまだ十日余りあったので、まず、一方においては三国の勧告に対して再三、理を尽くし情に訴えて、その勧告を撤回させるか、あるいはこれを緩和させるかの方策を試みた。また、こうしている間にも、列強が、今後どういう動きに出るかを見極めることもできるであろうし、他方では、日本がもしこの際に、そのほかの列国の強力な後援を得ることができれば、たとえ今後、戦闘状態に入るような不幸な事態になっても、日本だけで戦うよりはずっと有利になるはずだと考えた。

こうして陸奥の訓令の下、駐露・仏・独の各公使に電報して、それぞれの任国の説得に努めさせた。また、英・米にも事情を説明して、何らかの援助を得られるか打診した。

英米は、いずれも好意的ではあったが、局外中立・不干渉の原則を貫く以外の意思のないことも明らかになった。ただ、アメリカは、局外中立と矛盾しない範囲で日本に協力するとして、在北京米国公使に電訓して、清国側に早期批准を促すことはしてくれた。

また、ロシアに対しては、遼東半島の中の割地《かっち》分を縮小してみて、これでどうかと交渉したが、ロシアはいうことを聞かない。

ここまで分かれば、もう、ほかに打つ手はない。国内世論も事の重大さに粛然《しゅくぜん》としてしまったので、心配はない。最終結果は、もちろん伊藤の判断通りとなったわけであるが、その前に一応各国を打診してみることとし、その間国内にも事情の厳しさを周知させて反対論を終息させるという手順は妥当《だとう》なものであったろう。

そこで、五月四日の閣議および大本営の会議で、三国の勧告は受諾し、他方、批准書交換は断行するという陸奥の基本方針を公式に決定し、同日**「日本帝国政府は露、独、仏三国政府の友誼《ゆうぎ》ある忠告に基づき、奉天半島を永久に所領することを拋棄《ほうき》するを約す」（日本は露・独・仏三国政府の忠告に基づいて、奉天〈遼東〉半島の永久所有を放棄することを約束する）**という簡明な覚書を作り、聖裁《せいさい》を仰いだ後、三国に伝達した。

この時も、代りに償金を増額するとか、条件をつけようかという意見もあったが、そんなことはあとの話で、この際は、先方に疑念の余地のない明白な回答がよいという陸奥の意見の通りになった。そして、償金の増額には、その後、成功している。

これに対し、早くも五月九日、在京ロシア公使は政府の訓令をもって外務省にやってきた。

「露国皇帝の政府は、日本国が遼東半島の永久占領権を抛棄《ほうき》するの通告を得、日本皇帝の政府がこの措置に依り重ねてその高見《こうけん》を彰表せられたるを認め、宇《う》内《だい》の平和のためここにその祝辞を述ぶ」（ロシアは、日本が遼東半島の永久占領権を放棄する通知に接して、日本がこの措置によりその見識を示したのを認め、世界の平和のためにお祝いを申し上げる）と回答してきた。

この時に、唯一の三国干渉排除の方策として、英国を説得して干渉に反対させられなかったか、という議論は当然起こって来る。

これに対して、陸奥は、後に『世界之日本』の社説で述懐している。

英国は人の憂いをわが憂いとするドン・キホーテに非ず。日本の防衛のためには英国は代償を要す。日本の国力は英国の長大なる防衛線に寄与するの力ありや。シンガポール以遠に艦隊を派出するの能力ありや。

【口語訳】

(日英同盟に期待している人は多いが) 英国は、人の憂いを自分の憂いとして助けようとするドン・キホーテではない。同盟で日本の安全を保障するならば、英国もそれによって自国の安全保障を得る代償が要る。日本の国力は、英国の長い防衛線に寄与する力があるだろうか。シンガポール以遠に艦隊を出す能力があるのだろうか。

この陸奥の判断は的確であり、将来を見通している。

英国が日英同盟に踏み切るのは、東アジアにおける露・仏の海軍力の合計が英国に追いつく見通しとなり、日本との同盟が東アジアにおける英国海軍力の優位を維持する唯一の方策となったからである。そこで、トラファルガーの海戦*以来一世紀近く維持して来た「名誉の孤立」をあっさりと捨てて、日英同盟に踏み切るのである。

三国干渉の時は、戦艦といえば威海衛《いかいえい》で分捕ったボロボロの鎮遠一隻しかなかった日本が、その後富士、八島をはじめ、着々と戦艦を購入して一大海軍勢力となり、英国は、その日本の力を借りざるを得なくなったからである。


実力がなければ日英同盟は不可能だとする陸奥の理論は、伊藤を動かす。

日清戦争後、平和が回復されながら、伊藤総理は戦後経営として、第九議会に、海軍二十万トン以上、陸軍十三個師団の拡張案を提出している。

三国干渉のあとの臥薪嘗胆《がしんしょうたん》時代の軍拡は、すさまじいものがある。戦時予算である明治二十八年の海軍費が千三百万円だったのが、平和になった二十九年に三千八百

＊トラファルガーの海戦——一八〇五年十月二十一日、スペイン・トラファルガル岬の沖で行われた、ナポレオン戦争における最大の海戦。イギリス対フランス・スペイン。ホレーショ・ネルソン提督率いる英国艦隊が大勝したが、ネルソン提督はフランス兵に狙撃され戦死した。

万円と三倍になり、その翌年の三十年には七千六百万円と、そのまた倍になってい
る。

もちろん、日本国内での大増税も必要だったが、日清戦争で清国からとった賠償金約三億六千万円のほとんど九割を軍事関連の経費に使っている。まさしく陸奥の考え通り、自分の力がなければ誰も助けてくれないということを、三国干渉で骨身に染みて感じた結果といってよいであろう。

こうして作り上げた日本の力がなかったなら、そして、日本の力を梃子《てこ》として成立した日英同盟がなかったなら、ロシアの南進は止めるすべもなく、極東の地図は、今と全く変わったものになっていたであろうことは、想像に難くない。

春秋の筆法を以ってすれば、清国が対日戦に使いそこなった余力を、日本が対ロシア戦争の準備に注ぎ込んで、その結果、現在の中国は満洲、北シナの広大な地域がロシアの支配下に入るのを避け得たのである。

三十三　駐露・西公使の支え

――「明晰詳密にして、見解の誤謬なかりし」

陸奥が最も信頼した外交官は、駐露・西徳二郎公使だった。『蹇蹇録』第二十章は、三国干渉受諾直後の西公使の電報を、長文をいとわず記載している。

一国運の興隆《こうりゅう》に当り百事進歩の際、かかる困難を見るもまた珍事《ちんじ》に非ず。かつ我においては進まるる処まで進み、居らるる処に止まり、既に余念なき義に候えば、今更不出来の往時を説くも無用かと存じ候えども、当国の遽《にわか》にこの干渉に決したるは全く独逸の同盟を得たるに由《よ》りしものと存ぜられ候訳は、それまでは英既に干渉の意なく、仏また事已《すで》に遅しとして逡巡《しゅんじゅん》し、当国政府部内においても威海衛の陥《おち》るまでに干渉すべきはずなりしに、今日に至りては仮令《たとい》仏と共に海軍を以て日本に迫るとも、これを支持するの陸兵なき以上は如何《いかん》ともする能《あた》わざるべしとの説を持する人多かりしは事実にて、現にその連中たる拙官の知人等も我の大陸について土地分割の義は幾《ほとん》ど既定の事と認めおり、……しかるにその時分の電報になお干渉あるべしと申し添え置きたるは、海陸軍部内には依然干渉説あるを聞きおり候故、念のため報じ置き候次第にてこれあり、何せ下関条約の成りし電報達するまでは当地においては別に変りし模様も相見えず候。……

右独逸《どいつ》の挙動の意外なりしには当国人までも驚き候次第にてこれあり候処、今そのこれに決したる所以という一説を聞くに、同国においては兼《かね》て露仏同盟の親密なるを嫌い居る処に、……日清戦争結局の難問起り、英退き、露窮《きゅう》するを見、独これを好機会として遽《にわ》かにこれに投じたるは、東西洋、利害関係の大小に応じ露仏に謝意を表して仲間入りの策を行いしに外ならずと。

【口語訳】

国運興隆の時であり、すべてが進歩しているときは、こうした困難もまた珍しくはありません。日本は、進めるところまで進み、止まるべきときは止まって行動したことなので、今さら過去を振り返る必要もないと思いますが、ロシアの急な干渉はドイツからの働きかけを受けたためと考えられます。

というのは、それまで、イギリスには干渉する意思はなく、フランスももう既に時遅しと逡巡していましたし、ロシア政府内でも威海衛が落ちるまでに干渉すべきだったのに、今やたとえフランスと一緒に海軍力で日本に迫ったとしても、これを支える陸軍の兵力がないので、如何ともしがたいという意見の人が多く、実際、小生の周囲も日本の大陸での土地分割はほとんど既定事実として認めていました。

ただ、小生が干渉の可能性を電報したのは、ロシアの陸海軍の中に以前、干渉の噂があったために念のため報じただけであって、下関条約の内容が伝わるまで、こちらでは何も変わった様子は見えませんでした。

このドイツの挙動の唐突さはロシア人も驚いたほどですが、その背景には、かねてから露仏同盟が緊密となるのを嫌っていたなかで、日清戦争で問題が起きて、イギリスが本問題から退き、ロシアが困っているのを見て、ドイツがこれを好機としてロシアとフランスの仲間入りをするための行動だったと思います。

この書面は、三国干渉の受諾を決めて、五月五日に日本政府から最後の回答を露・独・仏三国政府に送った後、わずか三日で西公使から郵送されてきたものだった。陸奥がこれを「書中の所論、明晰詳密《めいせきしょうみつ》にして、今日なお歴々《れきれき》その見解の誤謬《ごびゅう》なかりしを証す」と評価している。

ちなみに、西徳二郎公使は、駐ロシア公使ののち、明治三十~三十一年、外相を務めた（第二次松方正義内閣、第三次伊藤博文内閣）。一九三二年のロサンゼルス・オリンピックの馬術障碍飛び越し競技の金メダリストであり、先の大戦中、硫黄島で戦死したバロン西こと西竹一大佐は同公使の子息である。

第八章　乱麻を断つ

陸奥の憂国慨世の気力、
最期の際まで衰えず

「ロシアの干渉は避けられたか」など、
事後に問うのは空しいことだった。
ロシアの極東への野望は、頂点に達していた。

三十四　ロシア干渉の経緯

――三国干渉の張本人

干渉の経緯について、陸奥自身の観《み》るところは以下の通りであった。

露国は始めより我が国を敵視し清国に同情を表し居たりとは見えず。……けだし露国元来の欲望は遠大なるべけれども、即今《そっこん》いまだその準備の整頓《せいとん》せざる折からなるが故に、目下の急務は東方のこの区域をしてともかくも現形勢《スタチュウコー》を存続せしめ置き、他日その大望を達すべき局面に何らの障《しょう》害《がい》をも貽《のこ》さざらんことを期したるが如し。……

【口語訳】

ロシアは、初めから日本を敵視し清国に同情しているようには見えなかった。ロシアがもともと抱いていた野望は非常に大きいものがあるのではあるが、今現在、それを達成する準備が整っていないので、今のところの課題は東方のこの地域は現状を維持して、将来、その野望を達する時に何の障害も残さないようにしようとしていた。

この観察は、日露戦争に至るロシアの行動に照らして見て、驚くほど正確にロシアの態度を把握している。

戦時中、ロシアから日本に、再度にわたって、意見交換の提案がなされた。

もし我より今一層進んで胸襟《きょうきん》を披《ひら》き百事を打ち開け内議《ないぎ》の端緒《たんしょ》を啓《ひら》きたらんには、あるいは将来東方の局勢上すこぶる面白き結果を得たるべき乎、あるいは彼我《ひが》の利害早くも衝突してよって以て当時既に外交上の葛藤《かっとう》

を生じ噬臍《ぜいせい》の悔《く》いを胎《のこ》したるべき乎、……今に至りこれを推測臆断《おくだん》するは畢竟《ひっきょう》葬後の医評《いひょう》に類する業《わざ》なるべし。

【口語訳】

もし日本から、進んで胸襟を開いてすべてを打ち明けて打ち合わせをしていれば、あるいは東方の情勢に大変にいい結果をもたらしただろうか、あるいは日露の利害が早くも衝突して、外交上の葛藤が生じ、そんなことをしなければよかったと臍《ほぞ》を噛むことになっていただろうか。

今になってこれを憶測するのは、死んだあとで生前の治療の可否を論ずるようなもので空しい。

いずれにしても、この二回の接触は、ロシア側にとって「隔靴《かっか》の憾《うら》みありしに相違なく、……爾来《じらい》露国の政略はただその外交の後援《こうえん》たるべき強力を支那、日本海に集合することをのみこれ急としたるが如し」（いずれにしても、この間の日露の接触の結果は、ロシアにとって隔靴掻痒《そうよう》の感があったに違いなく、……それ以降、ロシアの政略は、外交の後ろ盾となる兵力を支那や日本海に結集することを急いでいるようであった）と描写している。

そして三月二十四日、アメリカ・栗野公使から急電が入る。

「米国国務大臣はその聖彼得斯堡《ペテルスブルグ》駐箚《ちゅうさつ》米国公使の電報大要を内密に本使に告げたり。

近来露国の欲望は非常に騰昂《とうこう》し露国は現今の葛藤に乗じその勢力を清国に加えんとし、清国の北部および満洲を占領せんことを希望し、日本が同地方を占領することおよび朝鮮の保護者となることに反対すべし。三万の露兵は既に清国の北部に駐屯《ちゅうとん》し漸次《ぜんじ》その数を増加するの形勢あり。露国の軍人は頻《しき》りに該《がい》政府が日本に対する友誼《ゆうぎ》的意向を飜回《ほんかい》せしめんと企《くわだ》て居るを以て、遂に日露両国の利害衝突するに至ることあらん」という。

【口語訳】

「アメリカの国務長官は、ペテルスブルグ駐在の米国公使からの電報の大要を内密に教えてくれた。

最近のロシアの欲望はとみに増大し、ロシアは昨今の争いに乗じてその勢力を清国で広げようとし、清国北部と満洲を占領しようと希望しているので、日本がこの地方を占領することや朝鮮の保護者となることに反対するだろう。

三万のロシア兵は、すでに清国北部に駐屯し、少しずつその数を増やしつつある。ロシアの軍人は、朝鮮政府が日本に対する友好的な姿勢を変更しつつあるので、今後は、日露両国の利害が衝突するだろうと考えている」と告げてきた。

そして、ロシアは、その後も、日本に対してロシアの真意を隠していたが、「下関条約が一回世上《せじょう》に顕《あら》われ独仏両国との提挈《ていけい》成るや、彼らは猛然仮面を脱却し爪《そう》牙《が》を暴露し来りたり」(下関条約が、ひとたび、公表され、独仏両国と提携関係ができるや否や、ロシアは猛然とこれまでの仮面を脱いで牙をむき出しにして日本へと

向かってきた）のである。

この時、フランスが、ロシアの干渉につき合ったのは、当然といえる。仏露同盟の成立は、一八七二年であるから、仏露関係はまさにハネムーン時代であった。だから、フランスとしては、とくに、日本に含むところがあったわけではないが、ロシアにつき合ったわけである。

さて、ドイツであるが、前項で、「ドイツの参加がなければ干渉がなかったかもしれない」という西公使の書面を紹介した。それに同意見の人も多い。実際、ロシアの宮廷でも議論はわかれ、最後まで干渉の肚《はら》は決まらなかった様子である。

ロシアが、極東で干渉することを躊躇《ちゅうちょ》した最大の理由は、西に新興ドイツの脅威を控えて、東に深入りすることを避けたい、ということだったので、ドイツが参加したことで干渉がしやすくなったことは疑いを容れない事実である。

しかし、それでも、最後の段階でロシアが単独干渉してきた可能性はあったと思う。これについて、当時、ロシア帝国大蔵大臣であり、後に首相となるセルゲイ・ウィッテ*の回想録の要旨を引用してみる。

「当時、極東の問題は、もっぱら私にまかされていた。ニコライ二世は、別に特定の政治方針はなかったが、極東に領土を拡張したいという漠然《ばくぜん》たる希望を抱いていたようであり、皇帝にそういう希望があると知った以上、私がこれを無視できないのは当然である。

私は、極東政策について熟慮《じゅくりょ》した結果、日本には遼東半島を取らせず、大陸には、支那というヴァイタリティーのない国を維持させておく方が有利であるという結論に達した。

そして、会議では、日本に対して、償金を取ってもよいが、支那の領土保全を侵す今回の条約は認められない、という最後通牒《つうちょう》を送るべきだと主張した。そして、日

＊セルゲイ・ウィッテ――（一八四九・六・二九～一九一五・三・一三）帝政ロシアの政治家・ロシア帝国大臣委員会議長、同帝国運輸大臣、大蔵大臣、首相を歴任。伯爵。日露戦争の講和交渉では、ロシア側代表を務め、日本側代表・小村寿太郎外相と交渉を繰り広げた。

本がこれを拒否すれば、ロシアは積極的行動をとるほかはない。どういう行動をとるかは、後で考えるとして、日本のどこかを砲撃《ほうげき》するぐらいのことはやむを得ない、と述べた。

自分の意見に賛成したのは陸軍大臣だけで、参謀総長は、西方の有事ばかりを心配していた。しかし、御前会議では、陛下は私の意見を採用され、外務大臣にその実行を命令した。その後、外務大臣は、まず、独仏二国の同意を得てから、日本に最後通牒を送った。

日本は、これを受諾《じゅだく》するほかはなかった。ただ、日本がその代償として巨額の賠償金を要求したのは、むしろ当然であり、ロシアは、領土問題の要求が容《い》れられた以上その他の細かい点では干渉がましい言動を避けた」

この回想録については、ウィッテが三国干渉の手柄《てがら》を独り占めしようとしている記事なので信用し難いという説もあるが、私は、とくに疑う必要もないと思う。

というのは、これは、すでにシベリア鉄道も起工したロシアの極東戦略から考えて、当然の態度であるからである。おそらく、ヨーロッパ正面でドイツとの関係が急に悪化するというような非常事態でもない限り、ドイツが三国干渉に参加しないぐらいのことならば、最終的には、ウィッテの意見は通ったものと思う。他の閣僚が態度を決められなかったのは、ウィッテの観察通り、単に極東の事情について無知だったからであって、皇帝がウィッテの側である以上、結局は、ウィッテの意見が通る状況だったようである。

三十五　ドイツの豹変

――粗雑かつ、思いつきの軽薄な干渉参加

しかし、一体、どうしてドイツが三国干渉に加わったのだろうか。

ドイツの向背《こうはい》について、陸奥は、以下のように記している。

三国干渉の由来は、右の如くその張本《ちょうほん》は露国たること勿論《もちろん》なれども、露国をしてかくまで急激にその猛勢《もうせい》を逞《たくま》しくするに至らしめたるは、実に独逸《どいつ》の豹変《ひょうへん》に基因《きいん》したり。……さすがにその当日まで何らの違言《いごん》もなかりし日本に対し、忽然《こつぜん》反目するは随分《ずいぶん》心苦しき業《わざ》にてありたりけん。

【口語訳】

三国干渉のきっかけは、右のようにその張本人はロシアであることはもちろんだが、ロシアがこれほどまでに、急に、ものすごい勢いで言って来た背後には、実はドイツの態度の豹変がある。さすがに、ドイツとしても、その日まで何の文句も言って来なかった日本に対して、突然、敵対的な態度を示すのは、随分、心苦しいことだっただろう。

このドイツの豹変の理由として、陸奥は当時、『莫斯科新聞《モスクワ》』が比斯麦《ビスマルク》公の挙動を評論した一節を、「すこぶる奇抜にして面白く独国の皮肉を穿《うが》」ったものとして引用している。

比公が今回の挙を賛成したるは決して極東における独逸の通商貿易の利益を保護せんという如き陳腐《ちんぷ》の説に非ず、真に独逸国の幸福のため必要なりと認めたる露独の親交を恢復《かいふく》し、爾後《じご》相提携するに至るべき階梯《かいてい》を作らんがためなり、故に公は断言せり、独逸は露国の太平洋面に不凍港《ふとうこう》を得んとし朝鮮を経て鉄道を貫通せんとする希望に対し一も故障をいうべき理由なし、乃ち独逸は仏国のチュニス、印度、亜弗利加《アフリカ》に対する政略に同感を表したる如く、露国の東洋政略にも同感を表して可なり、黒海すらも今は既に独逸に取りては利害の関係甚《はなは》だ深からず、いわんや朝鮮海においてをや。

【口語訳】

ビスマルク公が、今回の干渉に賛成したのは、決して極東におけるドイツの通商貿易の利益を保護しようというような月並みな理由ではなかった。本当にドイツの安寧のために必要だと思われる露独間の親交を回復し、今後、たがいに提携するようになる足場を作るためであった。

だから公は、「ドイツは、ロシアが太平洋側に不凍港を得ようとして、朝鮮を経て鉄道を貫通させようとする希望に対して、何も文句を言う理由はない」と思った。
ドイツは、フランスのチュニスやインド、アフリカ進出政策を支持したように、ロシアの東洋に対する政策にも支持を表明した。ドイツにとっては、すでに、黒海ですら利害関係がほとんどなくなっており、いわんや朝鮮の沿海など関心の外になっていた。

ビスマルクの考え方としてはその通りなのであろう。ビスマルクは、潜在的には最大の敵であるフランスに対してさえ、その矛先をアルザス・ロレーヌでなく海外植民地に向けさせるために、アフリカ進出を支持した。とくにロシアについては、もともと、オーストリアとロシアと両方に同盟関係をもつ、二重保険政策を実施して来た。独露協調のためには、黒海におけるロシアの利益さえ支持する気があったのであり、朝鮮海峡にロシアが進出することには全く反対はなかったであろう。

ビスマルクの考え方は分かるとして、カイゼルが急に干渉を決意した動機は、露仏の接近に水を差すためとか、ロシアを東への冒険に駆り立ててヨーロッパにおけるロシアの脅威を減らすためとか、さらにはドイツ自身の極東への野望であり、その裏にはカイゼルの黄禍論《こうか》もあったなど、諸説あるが、そのいずれの理由もそれなりに正しいといえる。

といって、いずれも干渉を不可避にさせるほどの理由でもなく、ドイツの干渉参加はどうも思いつきの産物であり、何か軽薄なものがあるという印象はぬぐえない。やはり、一八九〇年にビスマルクが、新帝カイゼルにうとまれて引退し、その後、外交問題を決定するのは、経験の浅いカイゼルとその取り巻きの小人物ばかりだったという、ドイツ政府内の環境がしからしめたものだったようだ。

ドイツの三国干渉参加は思いつきであったとして、その参加方法も粗雑《そざつ》かつ突然であった。

干渉参加の少し前ぐらいから、ドイツ政府は政府系新聞を通じて、日清和平条約は極東におけるドイツの経済利益を害するとか、東洋の平和を害するとか、かなり粗雑な議論を発表させて、ドイツ有識者の間でも顰蹙《ひんしゅく》を買ったという。

このドイツの豹変は、『蹇蹇録』の記述にもよく表れている。

この豹変《ひょうへん》は事すこぶる急遽《きゅうきょ》に成立したるものと見え、四月六日、青木公使は余に向かい、講和条件は已《すで》に洩《も》れたり、独逸政府は別に重要なる異議なしといい、また同月十二日にもなお同公使は、講和条件の条件は欧洲新聞上評判宜《よろ》しき方なり、特に償金に付ては仮令《たとい》今一層鉅額《きょがく》なりしも決して異議なかりしなるべし、また割地《かっち》の要求も貴大臣は固持して動かれざる方宜しからん、と電報したるほどなるに、その翌十三日に至り同公使は余に急電して曰く、「もし日本政府にして清国より特別なる経済的利益を求むるにおいては、独逸といえどもまたこれに反抗すべし。独逸の懇切《こんせつ》なる意思に対し日本は諸事詳《つまび》らかに独逸政府に通知すべき責務あり。よって一般の激昂《げきこう》を和《やわ》らぐるため本使へ報告を与えられたし」とあり。僅々《きんきん》一日を隔《へだ》て前後電信の意味かくまでに矛盾するはそもそも何故なるや。これ将《は》た独逸がその政略上転機の必要を生じたるに非ずして何ぞや。

【口語訳】

この豹変は、急遽、決まったことのようである。四月六日、青木公使は講和条件はすでに洩れているが、ドイツ政府は、重要な異議なしと報告してきた。また、四月十二日にも、同公使は、講和条約の条件はヨーロッパの新聞では評判が良い方であり、とくに賠償金は、もっと多くても異議はないであろうし、領土割譲の要求も堅持《けんじ》して動かない方がよい、と電報してきた。ところが翌十三日、至急電で、「日本が特別な経済的利益を求めればドイツは反対するであろう、ドイツの日本に対する好意を考えると、すべてを逐一ドイツに通知しておくべきだ、一般国民の怒りを和らげるためにも詳細を知らせてほしい」と言ってきた。わずか一日で、前後の電信がこうまで変わったのは、ドイツが政治的理由で急に政策を変えたという以外には考えられない。

三国干渉は、ドイツの参加なくしては行われなかったであろうという駐露西公使の意見が正しいとすると、三国干渉を予見しなかった駐独青木公使の責任が大きいことになる。

実際はドイツの豹変であるので、これを予見できなかったことは、別に青木公使の責任でもないのだが、青木はこの責任の回避のために、かなり見苦しい電報を打ち、のちに、陸奥からの詰問《きつもん》に遭《あ》っている。

三十六　干渉に対する国内の反応

――政府の外交を非難する不満噴出

明治二十八年四月二十三日、露独仏三国干渉が来るや、その翌二十四日、広島で御前会議が開かれた。

廟議では、ここで第三国と干戈《かんか》を交えることは断じて得策ではない、ということで三国干渉の受諾が決定された。

こうして、危機は去ったのである。

批准書の交換も、清国側は何とか遷延《せんえん》したいという態度であったが、遼東半島が還付される見通しはもう明らかであるし、何よりも、休戦期間が過ぎると同時に、日本軍の一斉攻撃が再開されるという状況下では、どうしようもなく、五月八日に予定通りの批准書交換が行われた。

陸奥は、この時の日本国内の様子を以下のように記している。

> 当時国中一般の状況如何というに、社会はあたかも一種の政治的恐怖《パニック》に襲われたるが如く、驚愕《きょうがく》極まりて沈鬱《ちんうつ》に陥り、憂心忡々《ゆうしんちゅうちゅう》、今にも我が国の要所は三国の砲撃を受くるの虞《おそれ》あるものの如く、誰一人として目下の大難を匡救《きょうきゅう》すべき大策ありと高談する者なく、現にその頃対外硬派と称する一派に属する重立《おもだ》ちたる輩が、京都において伊藤総理に面晤《めんご》し、談次三国干渉の事に及びし時、伊藤は彼らに向かい、今は諸君の名案卓説を聞くよりはむしろ軍艦、大砲を相手として熟議せざるべからずといえる好謔《こうぎゃく》冷語に対して、彼らは平日の多弁に類せず唯々諾々《いいだくだく》敢えて一言の以てこれに抗するなく、またその胸中何らの打算ありとも言う能《あた》わざりし。この輩かつ然り、いわんや一般人民をや。物情恟々《きょうきょう》ひたすら速やかに時艱《じかん》の去るを黙禱《もくとう》するのみ。

【口語訳】

（三国干渉が来た）当時、国中は、まるで一種の政治的パニックに襲われたようになり、驚きのあまり沈鬱になってしまって、今にも日本の各地は三国の砲撃を受けるように思い、誰一人、この難局を救う策があると言える者もなかった。

現に、当時、硬派と称せられた一派と伊藤総理が会った時に、伊藤が、「今は諸君の名論卓説を聞くより、むしろ軍艦、大砲を相手にして考えねばならない」と言ったのに対して、普段は議論がやかましい連中も、この一言には抵抗せず、また、何か良い対案があるとも言えなかった。この連中にしてこの様子なので、まして、一般国民は、ただ恐れ、おびえて、一刻も早くこの難局が去るのを祈るばかりであった。

ところが、十数日を経過して、露・独・仏三国に、遼東半島の還付を盟約し、日清両国の講和条約が芝罘《チーフー》で批准交換されると、国内世論は一変する。

世人はここに始めて事変の猝発《そっぱつ》すべき虞《おそれ》なきを知り、漸《ようや》く積日《せきじつ》の愁眉《しゅうび》を開くに至ると共に、かつて彼らが胸裡《きょうり》に鬱積《うっせき》したる不平不満の念は一時に勃発《ぼっぱつ》し、昨日まで分に過ぐるの驕慢《きょうまん》を抱きたるに反して、今日は終天《しゅうてん》の屈辱《くつじょく》を蒙《こうむ》りたるの感を生じ、各人その驕慢を挫折《ざせつ》せられたる度合に従い非常の不快を覚え、彼の不満とこの不快とは早晩《そうばん》いずれの所に向かいてかこれを洩らして自ら慰《なぐさ》めざるを得ざるに至りしは、また人情の自然なるべし。
而《しこう》して平素政府に反対する党派は、是《かく》の如き社会の趨勢《すうせい》を視て乍《たちま》ちこれを利用せんとし、総ての屈辱総ての失錯《しっさく》を以て一に政府の措置に基づくものとし、大いに政府の外交を非難し、戦争における勝利は外交において失敗せりといえる攻撃の喊声《かんせい》は四方に起り、その反響は今なお囂然《ごうぜん》たり。

【口語訳】

ここで深刻な事変などが起こる危険性がなくなって、ようやく心配がなくなると、世間の人々は、それぞれ、胸に溜まっていた不平不満が一気に噴き出した。

少し前までは、分に過ぎて驕り高ぶっていたのが、その驕慢が挫折した分だけ不満が高まり、その不快感を遅かれ早かれ、どこかに発散して鬱屈を晴らしたいのは人情の自然の流れであった。

こうして、平素、政府に反対している党派は、このような社会の流れをとらえて、すぐにこれを利用しようとした。総ての屈辱や失敗は、全部、政府のせいであるとして、政府の外交を非難した。戦争において勝利したのに外交で失敗したという攻撃の声があちこちで起こり、今なお、囂々《ごうごう》たる非難が続いている。

こうして、国内は、三国干渉受諾によって、不満が一気に噴出した。

三十七　他策なかりしを信ぜんと欲す

――大日本帝国を導いた鴻業と稀世の名備忘録

『蹇蹇録』は、政府批判囂々たる中で、執筆されたものであった。その絶筆に当たり、陸奥は、以下のように書いている。

そもそも余が本篇を起草する目的は、昨年朝鮮の内乱以来延《ひ》いて征清の役に及び、竟《つい》に三国干渉の事あるに至るの間、紛糾複雑を極めたる外交の顚末《てんまつ》を概叙《がいじょ》し、以て他年の遺忘《いぼう》に備えんと欲するのみ。滔々《とうとう》たる世上の徒と共にその是非得失を弁論争議するは素《もと》より余が志に非ず。しかれども政府がかかる非常の時に際会して非常の事を断行するに方《あた》り、深く内外の形勢に斟酌《しんしゃく》し遠く将来の利害を較量《こうりょう》し、審議精慮《せいりょ》いやしくも施為《しい》を試み得らるべき計策は一としてこれを試みざるなく、遂に危機一髪の間に処し、時艱《じかん》を匡救《きょうきゅう》し国安民利を保持するの道ここに存すと自信し、以てこれを断行するに至りたる事由《じゆう》は、余またこれを湮晦《いんかい》に付するを得ざるなり。

【口語訳】

そもそも『蹇蹇録』を起草する目的は、昨年、朝鮮の内乱以後、清国との戦いとなり、最後には三国干渉を受けたままでの間、紛糾し複雑を極めた外交の顚末を述べることで外交の備忘録にしようと思ったからである。広範に行われる世間の論争に加わって、政策の是非得失を議論するためのものではない。ただ、政府がこのような非常時にあって、いかに深く内外の事情を考え、長期的な国益を考え、ありとあらゆる手を尽くしてきて、それが国益と国民の利益を保持するものと信じて断行してきたかという経緯を、隠さずに述べることとしたものである。

当時は、列強の中にあって、一国の得は他国の損というゼロサム・ゲームの世界であった。すなわち、「兵力の後援なき外交は如何なる正理《せいり》に根拠するも、その終《しゅう》極《きょく》に至りて失敗を免《まぬか》れざることあり」（武力の背景のない外交は、いかに正しい理屈があっても、最終的には失敗してしまうこともある）という厳しい帝国主義時代であった。

陸奥は、巻末を次の言葉で締めくくっている。

今回三国干渉の突来《とつき》するや、まさに日清講和条約批准交換期日已《すで》に迫るの時にあり。而して政府は三国および清国に対するの問題を一時に処理せんため百方計画を尽したる後、遂に乱麻《らんま》を両断し彼此《ひし》各々錯乱《さくらん》せしめざるの方策を取り、その清国に対しては戦勝の結果を全収すると同時に、露、独、仏三国の干渉をして再び東洋大局の治平を攪擾《かくじょう》するに至らしめざりしものにして、畢竟《ひっきょう》我にありてはその進むを得べき地に進み、その止まらざるを得ざる所に止まりたるものなり。余は当時何人《なんぴと》を以てこの局に当

――らしむるもまた決して他策なかりしを信ぜんと欲す。

【口語訳】

今回、三国干渉が来たときは、まさに、日清講和条約批准の期日が迫るときであり、政府は、三国と清国の両方の問題を一挙に解決するため、あらゆる努力を尽くした結果、ついに、乱麻を断って、清国から戦勝の結果を得るとともに、露独仏三国の干渉を無事切り抜けたものである。

つまり、日本は、行けるところまで行き、止まるべきところに止まったのであって、自分としては、誰がこの場に当たっても、これ以上の策はなかったと思う。

その通りであろう。

日清戦争を通じての日本の外交は、一歩踏み外せばどこまで堕《お》ちていくか分からない深淵《しんえん》が両側に覗《のぞ》いている細い道を手探りしながらやっと渡りきったようなものである。

しかも当時の日本は、日露戦争時の日英同盟のような困った時の後ろ盾があるわけでなく、まったく独立独歩、自己の判断ですべての局面に対処しなければならなかった。

結果として日本は生き延びた。そして、その後、半世紀にわたって隆盛を誇る大日本帝国の第一歩を踏み出すことになる。その後、敗戦はあったが、現在われわれが享受している高い生活水準の基礎になる近代技術、近代教育等の少なからざるものは、この大日本帝国の隆盛期である半世紀の遺産である。

日清戦争における日本の成功の裏には、幸運もあり、相手側の失敗も数々あった。しかし、客観的に振り返ってみて、伊藤、陸奥の戦争指導にどこかでも隙《すき》があったとすれば、あれほどの成果は決して得られなかったであろう。むしろ、伊藤、陸奥の存在なしでは、大失敗の落とし穴が至る所に口を開けていた戦慄《せんりつ》すべき状況だったといえる。

『蹇蹇録』完成後一年余にして、陸奥は逝去《せいきょ》する。憂国慨世《ゆうこくがいせい》の気力が最期《さいご》の際まで衰えなかったものの、積年の国事尽瘁《じんすい》と宿痾《しゅくあ》のために生命《いのち》を保てる状況ではなくなっていた。

しかし、大日本帝国を起こしたその鴻業《こうぎょう》と稀世《きせい》の名備忘録《びぼうろく》『蹇蹇録』は、永久《とわ》に陸奥の名を青史《せいし》に留めることであろう。

（完）

おわりに

陸奥の後の日本——民主主義確立の夢

『蹇蹇録』は、ちょっとでも足を踏み外せばどこまで堕《お》ちるか分からない深淵《しんえん》が至る所に覗《のぞ》いている帝国主義の世界において、伊藤と陸奥が、いかに国際情勢判断を誤らず日本の生存を全うしたかを語っている。

そして陸奥の死後、陸奥の後継者たちは、陸奥が「これさえあれば」と言った日英同盟を結び、強大ロシアとの死闘に勝ち抜き、日本を帝国主義時代のアジアのチャンピオンとさせるのである。

その後の昭和前期の世代は、国際情勢の流れを見誤って、それを破滅させてしまった。

しかし、現在のわれわれが享受している高い教育、技術水準、法制の整った安全で快適な社会は、長い日本の文化と伝統に基づくと同時に大日本帝国時代の遺産もある。

もし日本が、十九世紀の生存競争に負けて、植民地または半植民地に転落していれば、とうてい得られなかったものである。あるいは日本の文化、伝統の保存さえ難しかったかもしれない。

われわれは帝国主義時代を生き抜いてくれた明治の世代に感謝すべきことが多々あるのである。

昨今の日本の対米、対中、対露外交を見ていると、もし伊藤、陸奥のような政治家、外交官が居たならば、それをどう扱ったか、そして後世の日本人にどういう価値ある遺産を遺そうとしただろうか、ということに想いを馳《は》せざるを得ない。

ただ、陸奥の生涯の関心はもっと別のところにあった。

坂崎斌《さかざきさかん》氏によれば、臨終の床で、義弟の中島信行（初代の衆議院議長、海援隊のときに他の隊員の反感を買い、生命の危険があった陸奥を独り庇《かば》い、陸奥がそれを恩に思って、陸奥の実妹と結婚させている）と訣別《けつべつ》の際、陸奥は、「自分の願うところは条約の改正と憲政の完備にあった。前者はすでに成功したが、後者はまだその半ばまでも行っていない。これが自分の妄執《もうしゅう》で、成仏《じょうぶつ》し切れない」と語っている。

そして、坂崎氏は、「陸奥の政治目的は、すべて、政党内閣の実現にあった」と評している。

ここまで、この本では陸奥の外交を論じて来たが、ここに至って、話題を一転して、日本の民主主義に対する陸奥の貢献に触れなければならない。

デモクラシーの実現こそ陸奥の生涯の夢であった。

明治維新早々、伊藤と共に廃藩置県を進言するも容《い》れられず、薩長藩閥の専制に反発した陸奥は和歌山にもどって、紀州に四民平等の近代国家を建設した。実はこれが引き金となって薩長政府も廃藩置県に踏み切るのであるが、せっかく作った和歌山政府は中央に吸収され、薩長専制の政治構造は崩れなかった。

また、政府は、征韓論によって、四方に散ってしまった維新の元勲《げんくん》たちを呼び寄せるために元老院を設置した。それに参加した陸奥は、元老院を薩長政府に対するチェック・アンド・バランスの機能をもつ立法府としようとした。しかし、元老院設置の妥協によって木戸、板垣の中央復帰を得た明治政府には、もはや元老院の機能を強化する気は全く無く、陸奥は再び挫折する。

思い余って、西南戦争の際に土佐派と組んで反乱を企てるが、露見して、獄に送られる。

獄中とその後の遊学で、陸奥が究めようとしたものは、民主主義とはなにかということであった。

陸奥は民主主義と呼ばず憲政と言っているが意味するところは同じである。つまり、英国の名誉革命と権利宣言、フランス革命の精神を反映した十九世紀憲法（明治憲法もその一つである）の下の議会民主主義のことである。

今の日本人は民主主義は当然の政治制度と思っているが、本来それはそう簡単な問題ではない。

古来人類が探し求めて来たのは善い政治である。そのためには、中国では古代の聖王堯舜《ぎょうしゅん》の政治、ギリシャではプラトンの哲人王の政治が理想とされた。どうして権力を人民に平等に分け与えれば、人民が自動的に幸福になれるのか、これはそう簡単に説明できる問題ではない。とくに明治の人間にとっては、考えれば考えるほど難しい問題であった。

陸奥は、まず獄中で、ベンサムを完訳しつつ最大多数の最大幸福という功利主義を理解し、それと中国の朱子学の性理の学とを止揚《しよう》して、『資治性理談《しじせいりだん》』という政治哲学を完成した。

そして、出獄後の米議会観察、英国及びオーストリア遊学によって、議会民主主義は、たとえそれが完全なものでないとしても、他の制度よりも優れた制度であり、結局はそれしかないことを納得した。

そして、陸奥は、今に至る日本の憲政史上、最も理想的に行われた第一回総選挙で議会に選出されるが、第二回総選挙で薩長藩閥が大規模な選挙干渉を行うと、閣内で、独り、彼自身の表現によれば「白刃《はくじん》を頭上に振りかざして」干渉を弾劾《だんがい》し、議会民主主義を擁護した。

日本の民主主義の完成が陸奥の見果てぬ夢であった。

実は、陸奥の死の直前、事態は、陸奥の夢を達成する一歩手前まで来ていた。陸奥がもう一、二年生きていれば、板垣退助がやめた後の自由党の総裁は間違いなく陸奥となる形勢だった。そして三年後に自由党は、伊藤博文を総裁に迎えて立憲政友会となるが、陸奥はもとより伊藤を迎える主唱者となったであろうし、また、伊藤も当然に後継者として陸奥を選んだであろう。もっとも藩閥の抵抗のために、西園寺《さいおんじ》公望《きんもち》というワン・クッションは必要だったかもしれないが、西園寺は自らの役割を心得て、いずれは陸奥にポストを渡したであろう。

事実、陸奥の訃報《ふほう》に接して、西園寺は傍目《はため》もいたわしいほど力を落として、「藩閥の奴らは叩いても死にそうもない奴らばかりだが、……」と嘆いたという。

その陸奥の遺志は、陸奥の直系の子分の原敬《たかし》に引き継がれ、やがて、元老西園寺の推薦もあって原敬による政党内閣、そして、大正デモクラシーへと実現されて行く。

『蹇蹇録』のテーマである日本外交の主題から益々離れて申し訳ないが、陸奥の最大の功績は日本の民主主義であったと言ってさえ過言でないと思う。

現在の日本のデモクラシーが半世紀以上定着して、少しもゆるぐ気配の無い背後には、戦前の大正デモクラシーがあるからである。

デモクラシーはどうしようもない政治であるが、かつて存在したどの政治制度よりましな制度である。——これは、ウィンストン・チャーチルの名言である。

英国は、マグナ・カルタ以来、絶対王政、クロムウェルの共和国、王政復古、名誉革命と、数百年の経験を経て、これを学んだ。米国はその伝統を継いでいる。

実は、原敬が初めて政党内閣を組織してしばらく経つと誰もが政党政治に幻滅した。

政党政治では、政党が党利党略を国利に優先させがちになる。そして政党は、ポスト争い、利権争いに熱中し、腐敗汚職も必然的に起こる、そんなことは現在の政党政治でも日常のことであるが、初めて政党政治を体験する国民は幻滅した。そして原敬死後は、国民は三代の超然内閣復帰を許すことになる。

しかしその後政治的自由への欲求は再び燃え上がり、国民が選んだのが、八年間の大正デモクラシーである。その意味で、大正デモクラシーもすでに一つの歴史的経験を経た後の民主主義であった。

しかも、それは、実質的に、本当の二大政党政治であった。

しかし、その民主主義は、世界大恐慌、ソ連の共産主義の脅威の増大、中国のナショナリズムで大陸の日本の権益が脅《おびや》かされるという危機的な事態に堪えるほど強くはなかった。その時、国民が希望を託したのは、より清廉《せいれん》であり、実行力のあると信じられた軍人だった。

それはある意味では正しかった。軍人は終始、清廉潔白だった。東條英機《とうじょうひでき》は事実上独裁権力を握ったが、東條が財をなしたなどという事実はもちろん、そういう疑いを持つ日本人さえ居ない。敗戦後米占領軍は満洲の帝王と呼ばれた板垣征四郎が中国の財宝を蒐《あつ》めていると信じて彼の自宅を探したが普通の軍人の家という以外何の財産も無かったという。彼らは完全に清廉潔白であり、その点では国民の期待を裏切っていない。しかし、それだけでは駄目なのである。結果として彼らは国民に破滅的な惨害をもたらした。

日本人は、一度の敗戦で、——それはたしかに数世紀分の経験に価する惨禍《さんか》であったが、——デモクラシーの価値を学んだと言える。その価値とはチャーチルの言うようにデモクラシーはどうしようもない政治であるが他の政治よりましだということである。

日本の敗戦直後の米国の方針は大正デモクラシーの復活であったが、それはやがて日本の過去はすべて暗黒であったという占領史観によって、大正デモクラシー時代の記憶さえ抹殺《まっさつ》されてしまった。

しかし、戦後、日本の政治は、もうこれではどうしようもないという状況を何度も迎えながら、クーデターの噂さえなしで過ごして来た。それは、国民が既に大正デモクラシーとその後の軍人の支配を経験していて、クーデターなどしてもどうなるものでもないことを知っているからである。

その意味で日本の民主主義は強固な基盤に立っているといえる。そして、その大正デモクラシーの基礎を築いたのは、陸奥であり、その遺志を継いだ、原敬であり、西園寺公望であった。

現在の日本の存立と繁栄は、日本を帝国主義時代の荒波を乗り切らせ、その上に、現在の強固な民主主義の基礎を築いた陸奥という、明治が生んだ知的巨人に負うところ少なくないのである。

陸奥宗光関連年表

（年齢は数え年）

西暦	年号	齢	事項	内外情勢
一八四〇	天保一一			～四二阿片戦争。
一八四一	天保一二			～四三天保の改革（水野忠邦の政治革新）。
一八四四	弘化　元	1	7・誕生。父、和歌山藩士伊達藤二郎宗広、母政子。禄高五百石。幼名牛麿、長じて小二郎、姓を陸奥に改め、さらに名を源二郎、陽之助、宗光と改める。	この頃、洋式軍備導入。
一八四八	嘉永　元	5	父宗広、和歌山藩勘定奉行に就任、『大勢三転考』脱稿。	2・フランス、二月革命。マルクス、共産党宣言発表。
一八五二	嘉永　五	9	父、禄高八百石。12・藩内の抗争に巻き込まれ、宗広、失脚。田辺へ幽閉される。	

一八五三	嘉永 六	10	兄宗興、城下より追放される。宗光等家族も高野山麓、紀の川沿いの村々を流浪。宗光、天領・大和の食客となり『地方凡例録』『落穂集』を学ぶ。	6・提督ペリー率いる米艦隊、浦賀に来航、開国迫る。7・ロシア、プチャーチン長崎来航、12・プチャーチン長崎再来。
一八五四	安政 元	11		3・日米和親条約（神奈川条約）、8・日英和親条約、12・日露和親条約調印。吉田松陰、佐久間象山投獄。
一八五八	安政 五	15	江戸へ出る。安井息軒、水本成美などの漢学者の教えを受ける。	日米（蘭露英仏）修好通商条約調印。10・橋本左内、12・吉田松陰投獄、安政の大獄〜五九。
一八六〇	万延 元	17		3・桜田門外の変（大老・井伊直弼殺害される）。
一八六一	文久 元	18	6・父宗広、赦免、三十五石で和歌山に戻る。宗光、父と再会し、江戸へ。尊皇攘夷運動に参加し、長州・桂小五郎、土佐・乾退助の門を叩く。	
一八六二	文久 二	19	京都に上る。父・兄も脱藩して京都へ。	2・将軍家茂と和宮婚儀挙行。4・伏見池田屋騒動。8・生麦事件。

一八六三	文久　三	20	坂本竜馬と知り合う。	将軍家茂、上洛し攘夷祈願、攘夷論最高潮。5・長州藩、下関通過の外国船を砲撃。7・薩英戦争。公武合体派のクーデターで攘夷論者失脚。
一八六四	元治　元	21	5・幕府、海軍操練所設置（頭取勝海舟、翌年3・廃止）で、宗光入る。	7・蛤御門の変。第一次長州征討。8・四国連合艦隊、下関砲撃、砲台占領。
一八六五	慶応　元	22	坂本竜馬に従い、長崎に赴く。	5・第二次長州征討。
一八六六	慶応　二	23	坂本竜馬の亀山社中に属し、海運、商事に携わる。	1・坂本竜馬の周旋で西郷・木戸による薩長連合の盟約成る。7・家茂逝去で、長州再征軍解く。12・孝明天皇崩御。
一八六七	慶応　三	24	4・坂本竜馬の組織した海援隊に入る。	1・睦仁親王（明治天皇）践祚。10・徳川慶喜、大政奉還を乞うが、討幕の密勅が薩長両藩に下る。11・坂本竜馬と中岡慎太郎、暗殺される。12・王政復古の大号令。
一八六八	明治　元	25	1・外国事務局御用掛として新政府に出仕（同期に伊藤博文）。3・権判事横浜勤務命じられるが、肺炎をわずらい赴任できず。この年、吹田蓮子《れんこ》と結婚。	明治維新。1・鳥羽・伏見の戦い。3・西郷、勝の会見で江戸城明渡し。五カ条の御誓文。4・新官制施行（三権分立、官吏公選）。7・江戸を東京と改称。9・明治改元（一世一元の制）。

一八六九	明治　二	26	1・摂津県知事に任命される。3・長男広吉誕生。6・兵庫県知事に任命される。伊藤博文と廃藩置県の意見書発表。和歌山の藩政改革（財政・兵制改革）に参画。	1・薩長土肥四藩、版籍奉還奏請。2・東京遷都。3・公議所開設。5・函館五稜郭落城、戊辰戦争終結。6・諸藩、版籍奉還、知藩事置く。11・大村益次郎害死。
一八七〇	明治　三	27	3・和歌山藩欧州執事として、兵器購入のためヨーロッパ出張。10・次男潤吉誕生。	2・兵部省、各藩に常備兵編成規則を布告。7・普仏戦争～七一。この年、清国・李鴻章、直隷総督兼北洋通商大臣に就任。
一八七一	明治　四	28	5・ヨーロッパより帰国。和歌山藩戍兵都督心得、権大参事に任命される。政府より出京命令。8・神奈川県知事に任命され、財政改革に取り組む。	7・廃藩置県の詔書。10・岩倉具視一行（木戸孝允、大久保利通、伊藤博文等）欧州視察出発。9・日清修好条規調印。この年、仏、独、米に公使派遣。
一八七二	明治　五	29	2・蓮子夫人死去。5・「田租改正建議」提出。6・租税頭に任命される。7・神奈川県令辞任。この年、金田亮子と再婚。	2・兵部省を廃し、陸軍省・海軍省設置。11・太陽暦採用。この年、上海・香港等に領事館設置。

一八七三	明治 六	30	5・大蔵省三等出仕兼租税頭に任命される。6・大蔵少輔心得に任命される。7・長女清子《さやこ》誕生。	1・徴兵令公布。8・閣議、参議西郷隆盛の朝鮮派遣を内定。9・岩倉一行帰国。10・征韓論論争の末、西郷隆盛、板垣退助、後藤象二郎等下野。朝鮮大院君失脚、閔氏一族実権掌握。
一八七四	明治 七	31	1・論文「日本人」著し、参議・木戸孝允に提出。官職を辞し、下野。	1・岩倉具視、征韓派に襲撃される。板垣退助、後藤象二郎等、民撰議院設立の建白書提出。2・佐賀の乱。5・台湾へ出兵～12。
一八七五	明治 八	32	4・元老院議員に任命される。11・元老院幹事に任命される。	2・大阪会議（大久保利通・木戸孝允妥協）、木戸孝允・板垣退助入閣。4・元老院、地方官会議設置。5・露と千島樺太交換条約締結。9・江華島事件。
一八七六	明治 九	33	7・太政大臣三条実美の北海道巡視に随行。	2・日朝修好条規調印。8・海軍操練所を築地に移転し、海軍兵学校に。10・熊本神風連の乱、萩の乱、秋月の乱起こる。
一八七七	明治一〇	34	1・元老院副議長に仮任され、地方制度改革を建議。5・父宗広、死去（享年75）。12・刑法草案審査委員。	1・英領インド帝国成立。2・西南の役起こる。5・木戸孝允病没。8・大江卓など土佐立志社系の一部、政府転覆を企て岩手監獄に収監（立志社の獄）。9・西郷隆盛自刃。

一八七八	明治一一	35	6・土佐立志社系の陰謀に加担したとして逮捕される。8・「除族の上禁獄五年」の判決。9・山形監獄に収監される。	5・大久保利通暗殺。8・竹橋兵営騒動。12・参謀本部設置（統帥権独立）。陸軍士官学校開校。
一八七九	明治一二	36	9・山形監獄炎上。12・宮城（仙台）監獄へ移監。	ボアソナード、民法起草に着手。
一八八〇	明治一三	37	3・獄中で『面壁独語』脱稿。『福堂独語』『資治性理談』を執筆。	12・漢城（ソウル）に日本公使館設置。この年、清国・李鴻章、海軍創設。
一八八一	明治一四	38	6・ベンサム『道徳及び立法の諸原理序説』の訳了。他に『左氏辞令一斑』、詩集『福堂詩存』を執筆。	8・開拓使官有物払下事件。10・大隈重信免官。国会開設の詔＝明治23年に国会を開設（明治十四年の政変）。自由党結成（板垣退助総理）。
一八八二	明治一五	39	12・特赦を受ける。	3・伊藤博文等憲法調査のため渡欧。4・立憲改進党結成（大隈総理）。7・壬午事変（京城の日本公使館襲撃される）。
一八八三	明治一六	40	1・出獄し帰京。4・和歌山へ向かう。この年、ベンサム訳書『利学正宗』（上下）発刊。	4・陸軍大学校開設。7・岩倉具視死去。8・伊藤博文等帰朝。11・鹿鳴館開館。

一八八四	明治一七	41	4・欧州遊学に出発。7・ロンドンに到着し、西欧の政治学を学ぶ。11・母政子、死去（享年76）。	8・清仏戦争〜八五。10・自由党解党。12・甲申事変（京城で金玉均・竹添公使ら軍隊率いて王宮占拠、金玉均ら日本に亡命）。改進党分裂。
一八八五	明治一八	42	3・ロンドン発ち大陸へ。6・ウィーンでシュタインに学ぶ。9・英国に戻り、年末、帰国の途につく。	3・朝鮮問題に関する日清天津条約調印（朝鮮からの同時撤兵、将来派兵の際の相互事前通告等）。12・太政官制度廃止し、内閣制度創設。初代内閣総理大臣、伊藤博文。この年、英国海軍、朝鮮の巨文島占領〜八七。
一八八六	明治一九	43	2・帰国。10・外務省在勤弁理公使に任命される。	5・井上馨外相、各国公使と第一回条約改正会議開催。同外相の欧化政策に国論沸騰。
一八八七	明治二〇	44	4・法律取調委員副長、同月、特命全権公使に任命される。	条約改正反対運動強まる。7・条約改正中止を各国全権委員に通知、井上外相辞任。10・仏領インドシナ連邦成立。12・保安条例公布。
一八八八	明治二一	45	2・ワシントン赴任を命じられる。11・メキシコとの修好通商条約に調印（初の対等条約）。	4・枢密院設置。伊藤博文、総理を辞し枢密院議長に就任。黒田清隆内閣。12・清国北洋海軍成立（丁汝昌提督）。
一八八九	明治二二	46	2・米国との改正通商条約に調印。12・帰国の途につく。	2・大日本帝国憲法・皇室典範発布。森有礼文相刺殺される。10・大隈重信外相、条約改正反対勢力に襲われ負傷。12・黒田内閣総辞職。第一次山県有朋内閣。第一回衆議院議員選挙施行。

一八九〇	明治二三	47	1・帰国。第一次山県内閣の農商務大臣に就任。5・第一回衆議院議員選挙に出馬し、和歌山県第一区より当選。	4・民法、刑事・民事訴訟法公布。9・立憲自由党結成（翌年より自由党。板垣党首）。10・元老院廃止。教育勅語発布。11・第一回帝国議会開会。
一八九一	明治二四	48	5・第一次松方内閣の農商務大臣として再入閣。8・政府、閣内一致と議会対策のため政務部設置、部長に就任（翌月辞任）。9・衆議院議員を辞任。補欠選挙で岡崎邦輔が選出。	5・第一次松方正義内閣成立。大津事件（巡査・津田三蔵、ロシア皇太子に斬りつける）。7・清国北洋艦隊来航。12・樺山海相蛮勇演説。この年、海軍工廠創立。
一八九二	明治二五	49	2・農商務大臣を辞任、枢密顧問官に就任。8・第二次伊藤内閣に外務大臣として入閣。	2・第二回衆議院議員選挙（内相品川弥二郎による大選挙干渉で流血事件）。8・松方内閣総辞職、第二次伊藤博文内閣成立。
一八九三	明治二六	50	7・対等条約案及び交渉方針を閣議に提出、イギリスとの条約改正交渉準備に着手。12・衆議院で「条約励行」反対の演説。	1・軍艦建造費めぐり政府と議会対立。2・内閣、勅裁によって皇室内廷費、官吏俸給一部献納を条件に危機脱す。建艦費認める予算案通過。この年、海軍、下瀬火薬を採用。

一八九四	明治二七	51	1・長女清子、死去（享年21）。	3・第三回総選挙。金玉均、上海で暗殺。4・朝鮮東学党の乱。6・閣議で混成一旅団朝鮮派遣決定。大本営設置。清国に「東学党反乱の共同討伐、朝鮮内政の共同改革」を提議、清国拒絶。日本は朝鮮の内政改革実現まで撤兵せずと通告。7・日英通商航海条約調印（条約改正の第一歩）。豊島沖海戦。成歓・牙山占領。8・清国に宣戦布告（日清戦争勃発）。9・第四回総選挙。黄海海戦。11・旅順口占領。
一八九五	明治二八	52	1・大本営御前会議で講和条約案上奏。3・伊藤博文首相とともに日本側代表として講和条約の交渉に当たる。6・賜暇を得て大磯で療養。臨時外相は文相西園寺公望兼任。12・『蹇蹇録』脱稿。	1・山東作戦。2・北洋艦隊降伏。清国講和使節来日。日本側、全権委任状の不備を理由に交渉拒否。3・下関で清国全権李鴻章と講和会議開始。李鴻章狙撃される。日清休戦条約締結。4・下関条約調印（遼東半島・台湾割譲、賠償金二億両）。露独仏の三国干渉。閣議で遼東半島放棄決定。日清講和条約批准交換。8・陸軍省、台湾総督府条例制定（軍政実施）。10・京城で閔妃殺害事件。

一八九六	明治二九	53	4・外務省に復帰。5・外相辞任。6・療養のためハワイへ。8・ハワイより帰国。竹越与三郎に雑誌『世界之日本』を発行させ、寄稿。	5・朝鮮問題に関する日露議定書成立（小村・ウェーバー覚書）。6・共同で財政援助など、朝鮮問題に関し山県・ロバノフ協定調印。露清密約（ロシア、満洲の鉄道敷設権得る）9・伊藤内閣総辞職。第二次松方内閣成立。
一八九七	明治三〇	54	7・絶筆「後藤伯」を口述。8・死去。浅草・海禅寺で葬儀。11・大阪夕陽岡陸奥家墓所に埋葬。	3・貨幣法公布（金本位制確立）。10・朝鮮、韓国と改称し、皇帝即位。この年、山東暴動で独宣教師二人殺害され、独、膠州湾占領。
一八九八	明治三一			3～・独は膠州湾、露は旅順・大連、英は威海衛・九竜半島を租借。4・日本、清と福建不割譲条約（福建は日本の勢力圏）。
一八九九	明治三二			この年、仏は広州湾租借（仏領インドシナ管理下に）。3・義和団事件（北清事変）～一九〇一。9・米の対清門戸開放宣言。
一九〇〇	明治三三		8・亮子夫人死去（享年45）。	6・義和団制圧のため出兵。
一九〇一	明治三四			9・義和団事件講和議定書調印。
一九〇二	明治三五			1・日英同盟協約調印。

（年表作成・桜井裕子）

装丁――川上成夫
構成・編集協力――桜井裕子
図表作成――諌山圭子

■【著者紹介】

岡崎久彦（おかざき　ひさひこ）

一九三〇年大連生まれ。東京大学法学部在学中に外交官試験に合格し、外務省に入省。一九五五年ケンブリッジ大学経済学部学士及び修士。在米日本大使館、在大韓民国大使館などを経て、一九八四年初代情報調査局長に就任する。その後も駐サウジアラビア大使、駐タイ大使を務める。著書に『隣の国で考えたこと』（中央公論社、日本エッセイストクラブ賞）、『国家と情報』（文藝春秋、サントリー学芸賞）、『百年の遺産』（産経新聞社）など多数。第11回正論大賞受賞。現在はNPO法人岡崎研究所理事長・所長。近著に『真の保守とは何か』（PHP新書）、『新装版―小村寿太郎とその時代』『新装版―陸奥宗光とその時代』（以上、PHP研究所）、『どこで日本人の歴史観は歪んだのか』『台湾問題は日本問題』（以上、海竜社）、他多数。

明治の外交力

陸奥宗光の『蹇蹇録《けんけんろく》』に学ぶ

二〇一一年二月二十五日　第一刷発行

著　者＝岡崎《おかざき》　久彦《ひさひこ》

発行者＝下村のぶ子

発行所＝株式会社　海竜社

東京都中央区築地二の十一の二十六　〒一〇四―〇〇四五
電　話　（〇三）三五四二―九六七一（代表）
FAX　（〇三）三五四一―五四八四
郵便振替口座＝〇〇一一〇―九―四四八八六
海竜社ホームページ　http://www.kairyusha.co.jp

印刷・製本＝株式会社シナノ

ISBN978-4-7593-1170-9